MELANIE PIGNITTER

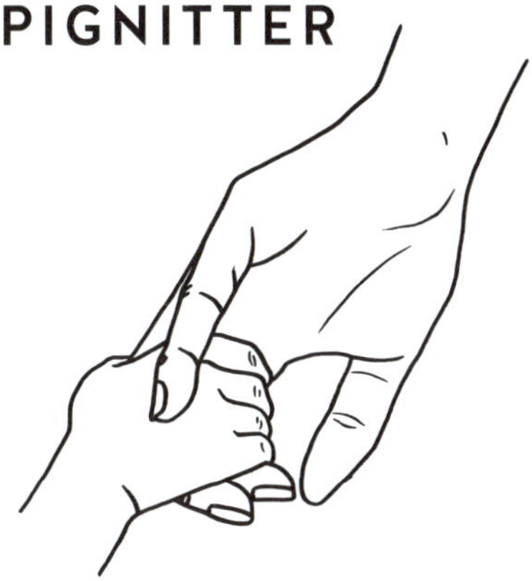

Wenn das Kind in dir noch immer weint

Wie du die alten Wunden endlich heilst

INHALT

Die Tränen eines Kindes 4

DAS KIND, DAS DU EINST WARST 13

Guide für deine Heilungsreise 14

Erstes Date: Dein inneres Kind stellt sich vor 19

Zweites Date: Mit den Augen deines inneren Kindes 27

Erwachsenes Ich und kindliches Ich 31

SYMPTOME DES VERLETZTEN INNEREN KINDES 37

Geheilt werden will, was schmerzt 38

Der alte Schutzhelm deines inneren Kindes 41

Eine Kopie oder das Gegenteil deiner Eltern 66

Der Schmerzfilm deiner Kindheit 76

WORAN LEIDET DEIN INNERES KIND? 87

Kernverletzungen deines Kindes identifizieren 88

Sieben häufige Verletzungen des inneren Kindes 93

Wenn die Elternliebe fehlte 121

Durchbrich die Glaubenssätze deiner Kindheit 131

Mutterwunde und Vaterwunde heilen 141

DIE INNERE HEILUNGSBÜHNE **153**

Alte Gefühle sind wie messerscharfe Steine 155

Es ist nie zu spät für eine glückliche Kindheit 160

Meditation für dein inneres Kind 165

STÄRKE DEIN INNERES KIND **169**

Dein strahlendes inneres Kind 171

Lerne von deinem weisen inneren Kind 174

Verbinde dich mit deiner kindlichen Leichtigkeit 181

Meine Worte für dich und dein inneres Kind 184

Danke! 187

Auch mit mir kann deine Reise weitergehen 189

Impressum 192

DIE TRÄNEN EINES KINDES

Es war zwei Uhr morgens. Ich saß im Wohnzimmer auf unserer schwarzen Ledercouch, drückte mein Gesicht in ein Kissen und weinte bitterlich. Das verzweifelte Weinen eines Kindes, das alleingelassen wurde und sich erst beruhigen ließ, wenn jemand kam, der es in die Arme schloss und ihm versicherte, dass es wichtig, wertvoll und geliebt sei, erfüllte den Raum. Aber es kam niemand und so weinte ich weiter und immer weiter – bis ich mich erinnerte, dass ich eigentlich eine einunddreißigjährige Frau war, die mitten in der Nacht in ihrer Wohnung saß und sich die Augen ausheulte, weil ihr Partner heute zu müde war, ihr die Aufmerksamkeit zu schenken, nach der sie sich gerade so sehr sehnte.

Die Tränen verebbten und ich gestand mir ein, dass ich völlig überreagiert hatte. Woher kamen nur immer diese verrückten Ausbrüche, die meine Beziehung belasteten?

Woher kam er bloß, dieser Schmerz der Ablehnung, den ich nicht nur aus meinem Liebesleben zu gut kannte?

Es wäre gelogen, wenn ich sage, ich hätte damals noch keine Ahnung gehabt, dass dieser sich wiederholende Schmerz, der sich bei mir immer durch das Gefühl, nicht wichtig und geliebt zu sein, zeigte, etwas mit meiner Kindheit zu tun hatte. Schließlich beschäftigte ich mich damals bereits seit vielen Jahren mit Mentaltraining und Psychologie. Aber obwohl ich wusste, dass dieses enttäuschende Gefühl bereits Teil meiner Kindheit und mein Partner mit seinem Verhalten daher nicht der Auslöser, sondern lediglich der Trigger war, konnte ich nichts dagegen tun, dass mich der Schmerz immer und immer wieder einholte und so mein Leben in regelmäßigen Abständen sabotierte. Ich war ein Paradebeispiel dafür, wie die meist unbewussten Wunden unseres inneren Kindes so ziemlich all unsere Lebensbereiche im Erwachsenenleben schmerzhaft beeinflussen und lenken können:

- Die vielen Jahre, in denen ich mich beruflich unter Wert verkauft und nicht die geringste Ahnung davon gehabt hatte, welch einzigartiges Potenzial in mir steckt.
- Die innere Einsamkeit, die sich durch meine Kindheit, Jugend und später auch noch jahrelang durch mein Erwachsenenleben zog.
- Die sich ständig wiederholende Ablehnung meiner Person durch andere, die sich jedes Mal wieder wie tausend Messerstiche anfühlte.
- Das Alles-alleine-schaffen müssen, weil niemand da war, der mich auffing oder mir seine helfende Hand anbot.
- Die schmerzhafte Überzeugung, nicht klug, nicht schlank oder nicht liebenswert genug zu sein.
- Das Gefühl, um Liebe kämpfen, mich anstrengen, es allen recht machen und mich permanent beweisen zu müssen.
- Und vieles mehr …

Obwohl ich weder deine Kindheit noch die eventuell negativen Prägungen, die sich daraus ergeben haben, kenne, bin ich davon überzeugt, dass du mit diesem Buch genau richtigliegst, wenn dich meine Zeilen auch nur im Geringsten ansprechen. Denn wenn du nur einen Hauch von dem Kampf, den ich in den bisherigen wenigen Sätzen beschrieben habe, kennst oder spürst, so ist die Wahrscheinlichkeit hoch, dass auch das Kind, das du einst warst, noch immer weint. Es überträgt dabei seinen Schmerz und seine Prägungen Tag für Tag auf dich und dein Leben im Hier und Jetzt. Wie sich erklären lässt, warum deine Erfahrungen in der Kindheit solch enorme Auswirkungen auf dein Denken, dein Verhalten und deine Erfahrungen haben, erläutere ich dir gleich im ersten Kapitel.

Zunächst stellt sich dir vermutlich aber eine andere Frage: Habe ich wirklich ein verletztes inneres Kind? Vielleicht gehörst du zu jenen, die sich ihrer Kindheitswunden bereits bewusst sind. Vielleicht aber auch zu jenen, die meinen, sie hätten doch eine glückliche Kindheit gehabt und könnten daher nicht vom damaligen Schmerz dominiert werden.

Ich kenne beide Sichtweisen. Lange bevor mir der Innere-Kind-Prozess meinen Weg zur Heilung offenbarte, war ich ein klassischer Vermeider, was die Auseinandersetzung mit meiner Kindheit anbelangte. Ich war der Meinung, es stünde mir nicht zu, mich darüber zu beschweren, schließlich wurde ich als Kind weder geschlagen noch missbraucht, wuchs auch nicht in Armut auf und hatte Eltern, die mich liebten, auch wenn sie – wie fast alle Eltern – nicht alles richtig machten. Es dauerte eine Weile, bis ich verstand, dass man nicht zwingend schwere Traumata erlebt haben muss, um ein schwer verletztes inneres Kind in sich zu tragen. Das, was ein Erwachsener erträgt und wie er es interpretiert, ist nicht vergleichbar damit, was ein Kind fühlt, wenn es zum Beispiel alleingelassen, zurückgewiesen, immer wieder kritisiert oder ausgegrenzt wird. Ein Kind ist zu 100 Prozent abhängig von der Gunst und der Liebe seiner Bezugspersonen. Es kann allein nicht überleben und steht bei Ablehnung daher förmlich Todesängste aus, die es nicht verarbeiten kann.

Vielleicht denkst du jetzt: Das war bei mir nicht der Fall, sonst würde ich mich ja daran erinnern. Da muss ich leider widersprechen, denn in der Regel haben wir so gut wie keine Erinnerungen an unser Leben vor dem sechsten Lebensjahr. Das, woran wir uns erinnern, sind meist nur die Dinge, die wir auf Bildern gesehen oder von anderen erzählt bekommen haben. Der Grund dafür ist die sogenannte Kindheitsamnesie. Im Alter von null bis sechs Jahren ist unsere Sprache noch gering entwickelt und so speichern wir Erlebtes in Bildern und Emotionen ab. Etwa mit dem siebten Lebensjahr bekommt unser Gehirn dann so etwas wie ein Update. Wir beginnen, unsere Erinnerungen zu diesem Zeitpunkt in Worten zu speichern. Das ist der Grund, warum wir später schwer auf Erinnerungen aus unserer frühen Kindheit zurückgreifen können. Unser heutiges Betriebssystem richtet sich nach Sprache und Worten aus und kann sich schlecht mit dem alten Betriebssystem, das in Bildern funktioniert, verständigen. Zudem verhindert eine Schutzfunktion in uns oft, dass wir auf traumatische Erinnerungen zurückgreifen können. Sie werden quasi emotional abgekapselt, damit wir dem gewaltigen Schmerz nicht erneut ausgesetzt sind.

Überall in der Welt leben verletzte innere Kinder in Erwachsenengestalt.

Eine mangelnde bewusste Erinnerung oder die Überzeugung, dass du als Kind nichts Schlimmes erlebt hast, ist also kein Indikator dafür, dass du kein verletztes inneres Kind in dir trägst. Tatsächlich denke ich, dass jeder von uns die Welt durch Kinderaugen sieht, und zwar durch die seines sechsjährigen Ichs.

In fast allen von uns lebt ein verletztes inneres Kind. Wenn man bedenkt, dass 90 Prozent unserer Prägungen und Muster aus der Kindheit stammen, kann das nicht anders sein. Meine eigenen Erfahrungen bestätigen es auch.

Ich erinnere mich noch genau an einen der vielen Konfliktmomente in den ersten Jahren meiner Beziehung. Es war jedes Mal derselbe Ablauf. Ich war gekränkt, weil ich nicht genug Verständnis, Aufmerksamkeit oder Gesprächszeit von meinem Partner bekam, und explodierte wie ein Kleinkind, dem man seine Lieblingspuppe wegnahm. Schreiend und weinend bombardierte ich meinen Partner mit Vorwürfen, der daraufhin im Schockzustand den Raum, die Wohnung und einmal sogar die Stadt verließ. Dieses Verhalten triggerte eine weitere Kindheitsverletzung in mir – nämlich das Alleingelassenwerden – und so nahm das Drama weiter seinen Lauf.

Niemals wäre ich damals auf die Idee gekommen, dass ich mit meinem Verhalten genauso eine Kindheitswunde meines Partners triggerte und dass er bei jedem Streit ähnlichem Schmerz und ähnlichen Ängsten wie ich ausgesetzt war. Erst dieser eine Streit, der genauso ablief wie all jene zuvor, eröffnete mir die Wahrheit über uns. Bildhaft gesprochen verließ ich mit meinem Bewusstsein meinen Körper, flog zur Decke und beobachtete uns beide von oben. Und was ich da sah, waren nicht zwei Erwachsene, die in der Lage gewesen wären, ihre Bedürfnisse klar mitzuteilen oder einen Konflikt zu lösen – nein, es waren zwei verletzte Kinder, deren Ängste und innere Qualen das Kommando übernommen hatten. Beide kämpften um dasselbe. Jeder von ihnen wollte einfach nur verstanden, geliebt, angenommen und wertgeschätzt werden. Aber keiner von ihnen fand den Weg aus seinem Schmerz heraus.

Von da an wusste ich, dass es keine andere Möglichkeit für ein freies und von Liebe erfülltes Leben gibt als die Heilung meines Kindheitsschmerzes. Es erschien mir plötzlich wie eine Wahrheit, die ich schon viel zu lange ignoriert hatte. Erst auf dem Weg selbst stellte ich fest, dass mein Leben in so vielen Bereichen ein Abbild des Schmerzes meiner Kindheit gewesen war. Innere-Kind-Arbeit war und ist für mich daher ein Befreiungsprozess. Er befreit dich …

- … von Ablehnungen, die du schon dein Leben lang immer wieder in ähnlicher Art und Weise erlebst.
- … von Rollen, die du dir übergestülpt hast, um anderen besser zu gefallen und so ihre Liebe oder Gunst zu gewinnen.
- … von Leistungsdruck, den du dir auferlegt hast, um andere zu beeindrucken und Anerkennung zu erhalten.
- … von Glaubenssätzen über dich selbst, die nicht der Wahrheit entsprechen und stetig Schmerz in dir entflammen.
- … von Werten und Überzeugungen, die gar nicht deine sind.
- … von Menschen, für die du nicht (mehr) wichtig bist und die dir stets das Gefühl geben, du seist nicht genug.
- … von Verhaltensmustern, mit denen du dich selbst sabotierst.
- … von dir selbst angelegten Fesseln, wie du sein musst und was du in deinem Leben schaffen musst, um gut genug zu sein.
- … von Schmerz, der in deiner Familie schon seit Generationen weitervererbt wird.
- … von Enttäuschungen, die sich kontinuierlich durch dein Leben ziehen.

- … von Groll, Schuld- und Schamgefühlen.
- … vom Drang, deine Vergangenheit wieder und wieder zu reinszenieren, weil dir unbewusst das Gewohnte am sichersten erscheint.

Kurzum: Innere-Kind-Arbeit ist ein Weg, um emotional frei und heil zu werden. Mit diesem Buch möchte ich dich auf diesem Weg unterstützen. In mehr als zehn Jahren aktiver Innerer-Kind-Arbeit habe ich Prozesse und Übungen entworfen, mit denen ich bereits vielen Menschen helfen konnte, die Autobahn in ihre freie Zukunft zu finden.

Dafür ist es allerdings unumgänglich, auch einen Blick in den Rückspiegel – zurück in deine Kindheit – zu werfen. Das kann manchmal ganz schön wehtun, vielleicht auch mal anstrengend oder ermüdend sein. Aber das Dranbleiben lohnt sich. Wesentlich ist es, Geduld zu haben. Nichts, was sich vor zwanzig, dreißig oder fünfzig Jahren in deine Seele eingebrannt hat, lässt sich von heute auf morgen löschen. Hier bitte ich um dein Vertrauen – dein Vertrauen in den Prozess, der dich Schritt für Schritt deiner emotionalen Heilung ein Stückchen näherbringt.

Lass mich dir zum Start gleich mal eines sagen: Du brauchst keine Angst vor dem Scheitern haben. Du trägst alles in dir, was du brauchst, um diesen Weg zu gehen. Du bist stark! Du bist liebenswert! Du bist mutig – sonst würdest du diese Zeilen gar nicht erst lesen! Du bist gut und richtig so, wie du bist. Du kannst das und du schaffst das! Bitte spüre jetzt meinen Glauben an dich und dein bezauberndes Wesen, den ich dir durch diese Zeilen zufließen lasse. Wenn du magst, schließe auch deine Augen und nimm meine imaginäre Hand, die ich dir entgegenstrecke. Und dann lass uns losgehen!

Wenn das Kind, das du einst warst, noch immer weint

Wenn das Kind, das du einst warst, noch immer weint,
ist das Gefühl, nicht genug zu sein, dein ständiger Begleiter.
Wenn das Kind, das du einst warst, noch immer weint,
ist das ein Schrei nach Liebe, nach Liebe,
die du nie bekommen hast.
Wenn das Kind, das du einst warst, noch immer weint,
liegt ein Stein der Angst auf deinem Herzen,
der dich nicht frei lieben lässt.
Wenn das Kind, das du einst warst, noch immer weint,
ist dein Leben ein Abbild der Vergangenheit.
Wenn das Kind, das du einst warst, noch immer weint,
ist es Zeit, Ja zu sagen. Ja, das tat weh.
Ja, das war nicht okay. Ja, es steht mir zu, zu weinen!
Wenn das Kind, das du einst warst, noch immer weint,
ist es Zeit, Schmerz mit Liebe zu begegnen.
Mit deiner Liebe.
Wenn das Kind, das du einst warst, noch immer weint,
ist es Zeit, dir selbst die Mutter oder der Vater zu sein,
die oder den du nie hattest.
Wenn das Kind, das du einst warst, noch immer weint,
ist es Zeit, Stopp zu sagen. Stopp zur Wiederholung
der Vergangenheit.

Das Kind, das du einst warst

Deine Kindheit mag zwar vorbei sein,
aber alles, was du in dieser Zeit erlebt hast –
und was du daraus für Schlüsse gezogen hast –,
das lebt noch in dir. Es gehört zu deinem
inneren Kind. Und was diesen Anteil ausmacht,
schauen wir uns in diesem Kapitel genauer an.

GUIDE FÜR DEINE HEILUNGSREISE

Eine meiner schlimmsten Kindheitserinnerungen war, als ich meine erste Zahnfüllung bekam. Nicht etwa, weil ich im Anschluss kein Tapferkeitsgeschenk bekam – nein, weil mich niemand auf den Bohrer, den Schmerz und den grässlichen Geschmack des Desinfektionsmittels vorbereitet hatte. Genau diesen Fehler möchte ich nicht machen und dich daher gleich zu Beginn in den Ablauf unserer Heilungsreise einweihen. Keine Sorge, so schlimm wie ein Zahnarztbesuch ist sie in der Regel nicht und dennoch musst du damit rechnen, dass es hier und da mal ganz schön wehtun kann, dem Schmerz des inneren Kindes ins Auge zu sehen.

Wir bleiben bei dieser Reise also nicht an der Oberfläche, sondern tauchen in die Tiefe deiner verletzten Kinderseele, die in dir weiterlebt, ein. Wann immer dir dabei Tränen kommen, lass sie zu. Tränen fördern die Heilung. Nicht nur für unseren Körper und seine Entstressung, sondern auch für die Befreiung deines inneren Kindes sind sie hilfreich. Ich versuche dir durch einen möglichst klaren Prozess und Stärkungsübungen den Weg so einfach wie möglich zu machen.

EMOTIONALE HEILUNG

Um dich auf den Ablauf vorzubereiten, ist es vorteilhaft, die wesentlichsten Schritte der emotionalen Heilung zu kennen. Laut der Mentallehre beginnt fast jeder Heilungsprozess mit

Leid. Wer nicht leidet, hat keinen Bedarf an Veränderungen. Erst das Leid motiviert uns, die Dinge anders zu sehen, neue Wege zu beschreiten, unsere Gedanken zu hinterfragen oder zu einem Buch wie diesem hier zu greifen. Deshalb kommen wir beim Inneren-Kind-Prozess nicht darum herum, uns mit deinem alten Schmerz auseinanderzusetzen und diesen auch zu fühlen, um ihn loslassen zu lernen.

Der nächste Schritt ist die Erkenntnis. Sie hilft uns zu verstehen, woher der Schmerz kommt, was er uns sagen will und was wir brauchen, um endlich loslassen zu können. Aus diesem Grund ist psychologisches Grundwissen über dein inneres Kind hilfreich. Es unterstützt dich beim Erkennen, weswegen ich dir im Verlauf des Buches eine Handvoll davon mitgeben werde.

Zuletzt ist die Veränderung, die als Vorstufe zur Heilung gilt, wesentlich. Dafür benötigst du neue Perspektiven, neue innere Bilder, neue Kernüberzeugungen und neue Handlungsmuster. Die fallen leider nicht vom Himmel, sondern müssen mittels Mentaltraining angelernt werden. Deshalb bekommst du nach jedem Kapitel ein Praxiswerkzeug an die Hand, das ich als »Healing to go« bezeichne.

Wichtig

Fühle dich nicht bemüßigt, jede einzelne Übung zu machen. Mach vorwiegend jene Tools, die dir für dich und dein inneres Kind wichtig erscheinen. Und vertrau bei der Auswahl deiner Intuition, aber verwechsle sie nicht mit deiner Angst.

Zudem versuche ich dir in diesem Buch nicht nur meine Werkzeuge und mein Wissen mitzugeben, sondern auch mein Mitgefühl, meine Wertschätzung und meinen Glauben an dich. Denn obwohl ich denke, dass du alles in dir trägst, was du brauchst, um dein inneres Kind endlich zu heilen, weiß ich, dass es auch immer wieder Momente gibt, in denen man sich klein, ausgeliefert und hilflos fühlt. Und in diesen Momenten möchte ich dich mit Worten, die sich wie Umarmungen anfühlen, bestärken.

Zudem glaube ich an das Konzept des Reparenting. Der Begriff kommt aus der Psychotherapie und bedeutet übersetzt Nachbeelterung. Diese ist notwendig, wenn du in der Kindheit in gewissen Bereichen nicht emotional wachsen konntest, weil du zu wenig Unterstützung oder Liebe erhalten hast. Das Ziel des Reparenting ist es, die inneren Anteile, die bildhaft gesprochen noch immer vier oder sechs Jahre alt sind und weinend im Kinderzimmer sitzen, in den Arm zu nehmen und so lange mit Worten und Liebe zu bestärken, bis sie gedeihen und heilen können. In der Psychotherapie übernimmt der Therapeut die Nachbeelterung und der Erfolg einer solchen Therapie hängt zu großen Teilen von der Qualität der

Beziehung zwischen Therapeut und Patient ab. Es ist also wesentlich, dass man dem Therapeuten vertraut, ihn als wohlwollend, einfühlsam und auch sympathisch wahrnimmt.

DIE BASIS: VERTRAUEN

Nun bin ich zwar keine Psychotherapeutin und kann deren individuelle Betreuung auch nicht ersetzen, aber aus Erfahrung mit Kursteilnehmern weiß ich, dass es durch meine Worte, die ich hier immer wieder persönlich an dich und dein inneres Kind richten werde, zu einem imaginären Reparenting-Effekt kommen kann. Denn ich versuche dir hier nicht nur trockenes Wissen weiterzugeben, sondern möchte mit meinen Worten dein gebrochenes Kinderherz erreichen, meine imaginären Hände darauflegen und ihm beim Heilen helfen. Damit du mein Wohlwollen, mein Verständnis und meine Wertschätzung, die dazu nötig sind, noch besser spürst, gibt es bei den entsprechenden Abschnitten ergänzend zum Text immer einen Link zu einer Audiobotschaft, die du dir anhören kannst.

Ich denke aber, dass ein Teil des Erfolges dieses imaginären Reparentings damit einhergeht, ob du mir dein Grundvertrauen schenkst und wie du mich als deine Mentorin, die dich hier begleitet, siehst. Falls du mich also noch nicht von Social Media, meinem Podcast oder bisherigen Büchern kennst, bitte ich dich darum, dir einen Moment Zeit zu nehmen und ein Bild oder noch besser ein Video von mir anzusehen (zum Beispiel auf einem meiner Social-Media-Kanäle). Oder du blätterst um auf die nächste Seite. Sieh mir dabei tief in die Augen und dann frag dich:

- Würde ich mit ihr einen Kaffee trinken gehen?
- Spüre ich ihr Wohlwollen?
- Will mein inneres Kind ihr seine Hand geben?

Wenn zwei oder drei der Antworten Nein lauten, so ist es vielleicht ratsam, dass du deine wertvolle Zeit anderweitig investierst und dieses Buch an jemanden verschenkst, der mehr Freude damit hat.

Wenn mindestens zwei deiner Antworten Ja lauten, dann lass uns keine Zeit verlieren und uns gleich jetzt der Person widmen, um die es hier geht – nämlich deinem inneren Kind. Es stellt sich mit all seinen Facetten im nächsten Kapitel bei dir vor.

Noch ein Hinweis

Dieses Buch ist kein Ersatz für einen Arzt oder Psychotherapeuten. Insbesondere dann, wenn du an einer psychischen Erkrankung leidest, solltest du dich immer an einen Arzt oder Therapeuten wenden. Auch, wenn dir das Buch trotzdem ein guter Begleiter sein kann.

ERSTES DATE: DEIN INNERES KIND STELLT SICH VOR

Als ich im Jahr 2016 ein berufliches Auszeitjahr machte und meinen Blog und meine heutige Marke Honigperlen gründete, hatte ich ehrlich gesagt keinen Plan, wo es damit hingehen sollte. Ich schrieb unbeschwert drauflos, postete mal hier und mal da einen Text und probierte mich in alle Richtungen aus.

Unter anderem organisierte ich regionale Lebensfreudeaktionen. Einmal bestelle ich fünfzig bunte Ballons und füllte sie mit Helium. Anschließend stieg ich damit in die U-Bahn, fuhr bis zum nächsten öffentlichen Platz und verteilte dort an erwachsene Menschen die bunten Ballons mit der Aufforderung, sie mögen ihren größten Wunsch darauf schreiben und ihn aufsteigen lassen.

Ein andermal kaufte ich mir eine Kindergitarre und überredete zwei Freundinnen, mit mir auf der größten Einkaufsstraße Wiens mit bunten Herzsonnenbrillen gemeinsam ein paar Songs zu singen, die die Leute glücklich stimmen sollten. Dass unsere Gesangskünste eher bescheiden waren und die Menschen wahrscheinlich eher aufgrund dessen oder wegen unserer lustigen Brillen lächelten, tat der kindlichen Freude, die mich bei derartigen Aktionen vereinnahmte, keinen Abbruch.

Erst viel später erkannte ich, dass unter anderem durch meine Jobs in diversen Banken mein inneres Kind lange Zeit viel zu kurz gekommen war. In meinem Auszeitjahr hatte ich plötzlich Zeit und Raum. Und diese füllten sich schnell mit Dingen, die ich bereits als Kind geliebt hatte. Nämlich mit Schreiben, Malen, Hula-Hoop und schlussendlich auch den verrückten Aktionen, die mein Kinderherz höher schlugen ließen.

Bewusst wurde mir das erst, als eine Freundin eines Tages zu mir sagte: »Also, manchmal habe ich echt das Gefühl, du bist ein Kind geblieben.« Ohne eine Sekunde darüber nachzudenken, sagte ich: »Das sind wir doch alle. Der Unterschied ist bloß, dass ich meinem Kind erlaube zu leben.« Aber es waren nicht nur die schönen Dinge, wie Freude, Kindlichkeit, Spontanität und Unbeschwertheit, die ich wieder zulassen konnte, sondern auch der seelische Schmerz, die Enttäuschung und die Angst vor dem Verlassenwerden bekamen wieder mehr Raum in meinem Leben. Und ja, das führte zugegebenermaßen oft zu schwierigen Situationen. Manchmal war ich sensibel wie ein Kleinkind und heulte los, weil ich etwas, das ich wollte, nicht bekam. Ein andermal schmollte ich, offensichtlich für alle Beteiligten, in der Hoffnung, in meinem Schmerz wahrgenommen zu werden. Und wieder ein anders Mal tobte ich wie ein Orkan.

»Ein Kind geblieben? Das sind wir doch alle.
Der Unterschied ist bloß, dass ich
meinem Kind erlaube zu leben.«

Jedenfalls stellte ich damals fest, dass es nicht nur ein inneres Kind in mir gab, sondern zwei. Da war dieses glückliche innere Kind, das nur eines von mir wollte, nämlich dass ich die kindliche Freude in mir wieder zuließ, immer öfter auf die Meinungen anderer pfiff und mutig in die nächste Pfütze sprang, ohne dabei nachzudenken, ob ich die Flecken jemals wieder von der Hose bekommen würde. Kurzum: Dieses Kind

verlangte mir hier und da mal etwas Mut ab, wollte, dass ich die Arbeit auch mal hintanstellte und mich der Leichtigkeit des Lebens öfter hingab. Diese Wünsche konnte ich dem kleinen Schatz relativ schnell und einfach erfüllen.

Auf der anderen Seite war da aber auch noch das verletzte innere Kind. Wenn ich seinen Schmerz mit kindlichen Strategien einfach auslebte, indem ich schmollte, lauthals schrie, weinte oder einfach davonlief, machte das meine Situation in der Regel nur noch schlimmer. Seine Bedürfnisse, die ich meist in Form von Erwartungen an andere richtete, wurden so nicht erfüllt und es wurde gefühlt immer trauriger.

Um die Wünsche des verletzten inneren Kindes zu erfüllen, braucht es also etwas mehr als bei seinem Gegenpol – dem glücklichen inneren Kind. Deswegen und weil das glückliche Kind im Vergleich zum verletzten kaum zu Problemen in unserem Leben im Hier und Jetzt führt, werden wir uns in diesem Buch erst mal ausgiebig um das verletzte Kind in dir kümmern. Am Ende dieses Kapitels gibt es jedoch noch eine Übung, bei der sich sowohl das glückliche als auch das traurige innere Kind zeigen können. Welches dir zuerst in den Sinn kommt, kann möglicherweise schon etwas über die Dringlichkeit deiner Bedürfnisse aussagen.

Dein inneres Kind - wer ist das genau?

Als dein inneres Kind bezeichnen wir einen Anteil in dir, der alle Gefühle, Erinnerungen und Erfahrungen aus deiner Kindheit gespeichert hat. Diese können positiver Natur sein – dann ist dies das gestärkte innere Kind. Und sie können negativer Art sein – dann ist dies dein verletztes inneres Kind. Beide bestimmen maßgeblich mit, wie du im Leben agierst und reagierst. Dabei fließen mal die positiven und mal die schmerzhaften Aspekte mit ein.

DER KÖNIG IM GESCHEHEN: DAS UNTERBEWUSSTSEIN

Bevor wir dein inneres Kind mittels Visualisierung auf die Bühne einladen, möchte ich dir noch ein paar Hintergrundinformationen zur Arbeit mit dem verletzten inneren Kind geben. Denn genau genommen besteht diese Arbeit aus ganz vielen Dates mit deinem inneren Kind. Die häufigste Frage, die mir dazu immer wieder gestellt wurde, ist: Wieso sollte ich mich mit Verletzungen, die vielleicht vor zwanzig, dreißig oder vierzig Jahren in meiner Kindheit entstanden sind, überhaupt auseinandersetzen? Das hat doch heute überhaupt keine Relevanz mehr für mich. Vorbei ist schließlich vorbei! Oder doch nicht?

Nein, es ist nicht vorbei. Ganz so einfach ist es leider nicht. Dazu muss ich kurz in Richtung Unterbewusstsein ausholen. Nur etwa 10 Prozent unseres Gehirns arbeiten bewusst. Die restlichen 90 Prozent arbeiten mit unterbewusst gespeicherten Informationen. Das bedeutet beispielsweise, dass wir beim Zähneputzen, beim Laufen oder beim Sockenanziehen nicht bewusst denken müssen. All das passiert quasi automatisch, also unterbewusst. Das ist genial, denn es spart unserem Gehirn unglaublich viel Energie, die wir dann für anderes zur Verfügung haben, zum Beispiel dafür, Neues zu lernen.

Leider hat genau das aber auch seine Schattenseiten. Denn unser Unterbewusstsein steuert nicht zuletzt einen Großteil unserer täglichen Gedanken. Das Problem dabei: Deine Gedanken sind die Vorgesetzten deiner Handlungen und deiner Entscheidungen. Und diese wiederum sind die Vorgesetzten deiner Gewohnheiten und Muster. Kurzum: Dein Unterbewusstsein ist also die Quelle von etwa 90 Prozent deiner täglichen Entscheidungen und Handlungen. Oder anders gesagt:

Dein Unterbewusstsein ist der König,
der dein Leben regiert,
oft, ohne dass du es bemerkst.

Wenn es sich dabei um einen wohlwollenden und dich stärkenden König handelt, ist alles gut. Wenn dieser König dich aber durch alte Verletzungen und negative Glaubenssätze sabotiert, bremst, ständig runtermacht oder sogar manipuliert, dann hat das fatale Auswirkungen auf dein Leben. Und jetzt rate mal, woher der Großteil dieser Informationen, die in deinem Unterbewusstsein gespeichert sind und täglich dein Leben steuern, kommt. Genau, aus deiner Kindheit.

Um genau zu sein, sind wir im Alter von null bis sieben Jahren am aufnahmefähigsten. Unser Unterbewusstsein ist in dieser Zeit wie ein Aufnahmegerät, das immer mitläuft und alles, was es hört, erlebt oder aufgrund von Erfahrungen schlussfolgert, speichert. Insbesondere, wenn es um Worte oder Taten der Eltern geht. Vielleicht erinnerst du dich noch an deine Kindheit. Mama und Papa waren dein Tor zur Welt. Du dachtest, sie wüssten einfach alles und hätten für jedes Problem eine Lösung. Deshalb ist es wenig verwunderlich, dass wir als Kinder alles, was sie uns vorgelebt und zu uns gesagt haben, als Wahrheit übernommen haben.

Zwischen 70 und 90 Prozent unserer unbewussten Prägungen stammen aus dieser Zeit. Vorbei ist also leider nicht vorbei! Nicht verarbeitete Verletzungen, negative Überzeugungen aller Art und Verhaltensmuster, die uns als Kind dazu gedient haben, den Schmerz, mit dem wir nicht umgehen konnten, zu kompensieren, sie bestimmten auch heute noch unser Leben. Fakt ist also – egal, ob du dich damit beschäftigst oder nicht – dein inneres Kind ist allgegenwärtig und beeinflusst dich jeden Tag.

Um die Arbeit mit diesem Anteil, der genau genommen bestimmte Gehirnareale umfasst, zu vereinfachen, hat man die Metapher des inneren Kindes erfunden. Dabei stellst du dir das innere Kind – ein Abbild deiner selbst als Kind –, das in dir wohnt, vor. Diese Imagination erleichtert die Aufarbeitung und Auflösung von Prägungen und altem Schmerz.

Daher möchte ich dich nun dazu einladen, mit deinem inneren Kind – vielleicht zum ersten Mal – Kontakt aufzunehmen. Es wäre großartig, wenn du als Vorbereitung dafür ein Kinderfoto von dir ausgräbst. Zum Beispiel aus deiner Kindergarten- oder frühen Schulzeit. Wie es weitergeht, erkläre ich dir gleich im ersten Praxismodul – dem Healing to go, das nun folgt.

HEALING TO GO: ERSTES DATE MIT DEINEM INNEREN KIND

Bei diesem ersten Date lernst du dein inneres Kind aus der Perspektive deines erwachsenen Ichs kennen. Es gibt also zwei Darsteller in deinem inneren Film: dich, so, wie du heute bist, groß und erwachsen – und dein inneres Kind, das kleine Mädchen oder der kleine Junge, das oder der du einst warst.

Bevor es losgeht, noch drei Hinweise:

- Falls du deinem kleinen Ich schon öfter begegnet bist, weil Innere-Kind-Arbeit für dich nicht neu ist, lass dich trotzdem auf die Übung ein und probiere ein Neu-Kennenlernen.
- Falls kein klares Bild entsteht, stress dich nicht. Auch ein Schatten oder eine verschwommene Figur sind völlig okay. Ein klares Bild ist kein Muss-Kriterium für Innere-Kind-Arbeit.
- Am Ende von diesen Visualisierungen oder Meditationen kommt es häufig vor, dass wir einen Widerstand oder eine tiefe Traurigkeit spüren, weil wir unser inneres Kind nicht wieder alleinlassen möchten. Doch das musst du gar nicht. Stell dir in diesem Fall am Ende des Healing to go einfach vor, wie du es mit deiner Hand in dein Herz aufnimmst, sodass es immer bei dir ist. Leg dazu die rechte Hand auf dein Herz, bevor du die Übung beendest.

HEALING TO GO: IMAGINIERE DEIN INNERES KIND

Greif zu einem Foto, auf dem du als Kind zu sehen bist. Sieh es dir ganz genau an und präge es dir ein. Wenn du kein Foto parat hast, kein Stress. Visualisiere dich aus deiner Erinnerung heraus.
Nimm nun einen tiefen Atemzug und schließe beim Ausatmen deine Augen. Rufe das Bild deines kleinen Ichs jetzt vor deinem inneren Auge ab. Nimm dir einige Sekunden

oder Minuten Zeit, um die Gestalt deines inneren Kindes wahrzunehmen.

- Wie sieht es aus? Welche Details nimmst du wahr?
- Was erkennst du in seinen Augen? In welcher Stimmung ist es? Wie geht es ihm gerade?
- Wie ist dieses Kind? Welche Eigenschaften hat es?
- Wie alt ist es ungefähr?

Mach dich nun bemerkbar und zeig deinem inneren Kind in deiner Visualisierung durch ein paar Gesten der Zuneigung, dass du sein Freund, seine Freundin bist und es gut mit ihm meinst: Lächle, winke ihm zu, nähere dich ein paar Schritte, geh in die Hocke oder streck ihm deine Hand entgegen. Begrüße es, wenn du magst, mit ein paar Worten. In etwa so: »Hallo, mein kleiner Liebling. Ich bin dein erwachsenes Ich und ich freu mich unendlich, dich zu sehen. Ich möchte dich gern etwas besser kennenlernen.«
Verweile zwei oder auch fünf Minuten in diesem Kennenlernbild. Vielleicht spricht dein inneres Kind zu dir, vielleicht möchte es auf deinen Schoß klettern oder vielleicht auch nicht. Lass geschehen, was geschieht. Dann beende die Visualisierung und versprich dem Kind, dass du bald wiederkommst.

ZWEITES DATE: MIT DEN AUGEN DEINES INNEREN KINDES

Im letzten Kapitel hast du die klassische Visualisierungstechnik kennengelernt, also eine Möglichkeit, wie du dein inneres Kind regelmäßig daten kannst. Dabei hast du dir dein inneres Kind als separate Person vorgestellt. Diese Date-Variante ist sehr effizient und gibt dir viel Gestaltungsraum, zu dem wir in späteren Kapiteln noch kommen.

Es gibt aber noch einen zweiten wichtigen Zugang, der meines Erachtens viel zu oft vergessen wird bei der Arbeit am inneren Kind: nämlich die Verschmelzung mit dem inneren Kind. Im Prinzip brauchen wir diese erst gar nicht erschaffen, denn das innere Kind ist ein Anteil von uns. Seine Gefühle sind unsere Gefühle. Seine Tränen sind unsere Tränen. Sein Flucht-, Klammer- oder Angstverhalten ist unser Verhalten. Wenn wir also beispielsweise heilsame Worte hören, ist es sinnvoll, dass wir mit unserem ganzen Bewusstsein in den verletzten Kind-Anteil schlüpfen, um diese Heilungserfahrung aus seiner Perspektive zu erleben. Oder anders und etwas plastischer gesagt: um mit den Augen und den Ohren deines inneren Kindes zu sehen und zu lauschen und mit seinem Herzen zu fühlen.

Genau das werden wir hier gleich gemeinsam ausprobieren und diese Art von Übung wird sich in diesem Buch einige Male wiederholen. Du erkennst derartige Tools am folgenden

Wortlaut: »Diese Worte sind für dein inneres Kind«. Ziel ist es, dich vor der Übung mit deinem inneren Kind zu verbinden, sodass du die Erfahrung aus ihm heraus erlebst. Hierzu stelle ich dir einen Text, der an dein kleines Ich gerichtet ist, und ein Audio, auf dem ich direkt zu deinem inneren Kind spreche, zur Verfügung. Beide Optionen dienen demselben Vorgehen. Du kannst also frei wählen, womit du arbeiten möchtest. Wobei ich Letzteres, nämlich die Aufnahme, empfehle, da sie meist emotionaler und tiefenwirksamer ist. Im Audio spreche ich wie eine liebevolle Mentorin direkt zu deinem inneren Kind.

Um das Audio anzuhören, scannst du einfach den QR-Code, der sich gleich neben der Überschrift befindet oder du nutzt den angeführten Link, der am Ende des Buches steht. So kommst du direkt zur Aufnahme. Solltest du dich für das Lesen entscheiden, so lies den Text mindestens zweimal in möglichst entspannter Stimmung.

https:/honigperlen.at/date-mit-deinem-inneren-kind/

DIESE WORTE SIND FÜR DEIN INNERES KIND: ZWEITES DATE

Bevor du mit dem Lauschen (meine Empfehlung) oder Lesen beginnst, verbindest du dich durch die folgenden drei Schritte mit deinem inneren Kind.

Schließe die Augen, leg deine Hand auf dein Herz und sage dir: »Ich verbinde mich nun mit meinem Inneren-Kind-Anteil.« Lass deine Hand fortwährend, solange du liest oder das Audio anhörst, auf deinem Herzen. Du stellst so einen mentalen Verbindungsanker her.

Und nun nimm meine Worte mit den Ohren, den Augen und dem Herzen deines inneren Kindes auf. Wenn die Übung zu Ende ist, nimm die Hand von deinem Herzen, atme tief durch, sage »Ich verbinde mich mit meinem erwachsenen Selbst« und öffne deine Augen.

Schön, dass du da bist, du kleiner Stern!

Ich weiß nicht, ob es dir schon einmal jemand gesagt hat, aber der Tag, an dem du geboren wurdest, war ein Glückstag. Vielleicht zweifelst du jetzt noch daran, weil man dir nicht immer gezeigt hat, wie wertvoll und wichtig du bist. Aber allein die Tatsache, dass die Wahrscheinlichkeit, dass du genau so, wie du bist, geboren wurdest, bei rund 400 Billionen liegt, zeigt, dass du etwas ganz Besonders bist. Ein kleines, großes Wunder also.

Und es zeigt, dass diese Welt dich haben wollte. Dass du willkommen bist auf dieser Erde. Auch, wenn es sich nicht immer so anfühlt.
Und es zeigt, dass das Leben dich liebt.
Und es zeigt, dass es wichtig ist, dass es dich gibt.
Du bewirkst etwas auf dieser Welt!
Du bist eine Bereicherung für sehr viele Menschen. Mehr als du denkst.
Weil du liebenswert bist – von Kopf bis Fuß und wieder zurück.
Weil du Liebe schenkst. Deine pure Existenz hat so viel mehr Liebe in diese Welt gebracht.
Weil du wertvoll bist. Ein Unikat, einfach unvergleichbar.
Fühl dich willkommen und umarmt. Einfach, weil du ein Geschenk bist, das mit seinem Lachen, seinen Tränen, seiner Liebe, seiner Einzigartigkeit und seinem Wesen diese Welt schöner macht.

ERWACHSENES ICH UND KINDLICHES ICH

Du erinnerst dich bestimmt an die Einleitung, als ich dir davon erzählt habe, wie ich mitten in der Nacht heulend wie ein Kleinkind auf der Couch saß, weil ich nicht die Zuneigung bekam, die ich mir wünschte. In diesem Moment war ich ganz in die Rolle meines inneren Kindes geschlüpft. Oder anders gesagt: Mein inneres Kind war höchst aktiv. Für einige Sekunden gab es die erfolgreiche, erwachsene Frau, die selbstbewusst und unabhängig war, einfach nicht. Umgekehrt war in einem Geschäftsmeeting mit wichtigen Kunden aber auch kein inneres Kind da, das sich klein und hilflos fühlte.

Was ich dir damit sagen möchte? Manchmal fühlst du dich ausgeliefert, machtlos oder weinerlich, dann wieder bist du spontan oder verspielt und wieder ein andermal bist du wütend, dominant oder die Ruhe in Person. Wir alle sind ambivalent und genau das bestätigt auch die sogenannte Transaktionsanalyse, die davon ausgeht, dass in jedem von uns mehrere Ich-Anteile stecken. Den für unsere Arbeit mit dem inneren Kind wesentlichen Anteil, eben den Kind-Ich-Anteil, beginnst du gerade intensiver kennenzulernen. Natürlich existiert in jedem von uns auch der Erwachsene-Ich-Anteil. Das ist jener, der aktiv ist, wenn du den Einkauf organisierst, den Aktenberg abarbeitest, die Urlaubsreise Schritt für Schritt planst oder deiner Freundin einen weisen Rat gibst. Beide Anteile sind in dir aktiv und wechseln sich ab. Das innere Kind kommt meist dann zum Vorschein, wenn etwas in dir getriggert wird. Trigger sind Situationen oder Worte, die dein inneres Kind an einen alten Schmerz oder an eine Verletzung aus der Kindheit erinnern. Hierzu ein Beispiel:

Carmen bekam als Kind immer gesagt: »Nimm dich bloß nicht so wichtig!« Wann immer sie ihrem natürlichen und gesunden kindlichen Egoismus nachkam, folgte die Abmahnung. Irgendwann begann Carmen dadurch tatsächlich zu glauben, sie sei nicht wichtig. Genau das denkt sie auch heute mit achtunddreißig Jahren noch. Und jedes Mal, wenn ein anderer sie nur im Geringsten daran erinnert, zum Beispiel ihr Ehemann, der oft nicht sofort auf eine WhatsApp-Nachricht antwortet, oder ihre Freundin, die sie häufig im Gespräch unterbricht, wird Carmen getriggert. »Hier ist der Beweis – du bist nicht wichtig«, ruft eine innere Stimme dann und erinnert sie an den Schmerz von damals.

»Ich bin meinem Mann oder meiner besten Freundin nicht wichtig«, weint daraufhin das verletzte Kind in ihr und zeigt sich in Form einer heftigen emotionalen Reaktion. Carmen läuft weg, greift an, weint oder schmollt drei Tage lang.

Je öfter dein inneres Kind getriggert wird, desto häufiger ist es aktiv. Bei vielen Menschen ist es wie bei Carmen und mir – das innere Kind zeigt sich in der Partnerschaft oder in anderen engen Beziehungen. Das liegt daran, dass vertraute Menschen uns nun mal viel näher sind und dadurch auch schneller eine emotionale Reaktion in uns auslösen können. Aber nicht immer muss das so sein. Bei manchen erwacht das verletzte Kind auch im Job zum Leben. Beispielsweise immer dann, wenn der Boss mit etwas Strenge auf einen kleinen Fehler hinweist oder man vor anderen Menschen etwas vortragen muss und Angst hat, sich zu blamieren. Prinzipiell kann man nicht sagen, dass das innere Kind nur in einem bestimmten

Lebensbereich auftaucht und in einem anderen dafür nicht. In der Regel switchen wir täglich Dutzende Male zwischen unserem erwachsenen Selbst und dem kindlichen Selbst hin und her, ohne es zu bemerken. Meist geschieht dies, wie oben an Carmens Beispiel erklärt, situationsbedingt.

Und nicht immer muss die Aktivierung des inneren Kindes negativ sein. Schließlich gibt es auch das glückliche innere Kind, das die Bühne betritt, wenn du beispielsweise mit Freunden am Minigolfplatz bist oder dir zum Scherzen ist. Aber wie schon erwähnt macht uns das glückliche innere Kind ja keine Probleme, weswegen wir uns jetzt erst mal auf das verletzte und auf unser erwachsenes Selbst konzentrieren. Es hat sich bewährt, diese beiden Anteile etwas besser kennenzulernen, um immer öfter bewusst zwischen ihnen unterscheiden zu können und in Folge auch zu lernen, in brenzligen Situationen vom Kindanteil in den erwachsenen zu switchen. Die folgende Bewusstseinsübung hilft dir genau dabei. Wichtig: Du musst oder kannst dir nicht in jedem Moment bewusst sein, welcher Anteil in dir aktiv ist. Aber das ist auch nicht notwendig. Mach die Übung, so gut es dir möglich ist, und vertraue auf den Prozess, der dir mit diesem Buch noch bevorsteht.

HEALING TO GO: ABGRENZUNG KINDLICHES ICH UND ERWACHSENES ICH

Beantworte die folgenden Fragen schriftlich, so gut es dir möglich ist.

Wann ist mein erwachsener Selbstanteil meist aktiv?

Zur Unterstützung: Unser erwachsenes Selbst ist von seinen Eigenschaften her eher stark, organisiert, selbstbewusst, selbstwirksam und es denkt rational. Es übernimmt Verantwortung, kann sich verteidigen und hat die Fähigkeit der Empathie – es kann sich also in andere hineinversetzen.

Bei welchen Tätigkeiten ist mein erwachsenes Ich aktiv? Vielleicht beim Kochen, Urlaubplanen, Arbeiten, Yoga, Sport, Fotografieren, Gespräch mit Freundinnen, wenn die Buchhaltung gemacht wird.

Du kannst auch fragen: In welchen Situationen? Zum Beispiel wenn dich Freunde um Rat fragen, wenn du den Streit der Kinder schlichtest, wenn du Zeit für dich hast, im Job, bei bestimmten Aufgaben, wenn du Sport machst, wenn du Zeit mit deiner besten Freundin verbringst, wenn du ganz und gar dein Mutterdasein lebst …

Wann ist mein kindliches Selbst öfter aktiv?

Zur Unterstützung: Unser kindliches Selbst ist von seinen Eigenschaften her eher schwach, klein, hilflos, ausgeliefert, überfordert, weinerlich, schmollend, gefühlsbetont, sensibel. Es ist immer ganz in seine eigene Welt und seine Gefühle vertieft, sodass es sich schwer damit tut, die Emotionen anderer nachzuvollziehen. Im Positiven ist es verspielt, voller Leichtigkeit, spontan und unbeschwert.

Bei welchen Tätigkeiten ist dein kindliches Ich eher aktiv? Vielleicht beim Malen, Tennisspielen, Blödeln mit den Kindern oder Freunden …

Du kannst auch hier fragen: In welchen Situationen? Zum Beispiel bei Konflikten mit deinem Partner, wenn dir jemand ein Date absagt, wenn du einen Fehler machst, wenn du kritisiert wirst, wenn XY dich nicht zu Wort kommen lässt, wenn XY dich ignoriert oder dir keine Aufmerksamkeit schenkt, wenn deine Freundin alles besser weiß …

Gefühle, die Ausdrucksform des inneren Kindes

Ein weiteres Indiz, um dein inneres Kind im Alltag ausfindig zu machen, sind deine Gefühle. Als Kleinkinder können wir Gefühle nicht richtig verarbeiten. Gerade mit den schwierigen Gefühlen wissen wir nicht umzugehen und weil wir sie nicht leben können, bleiben sie in uns gefangen. Wenn du nun als Erwachsener starke, negative Gefühle hast und sie zulässt, dann lösen sie sich in der Regel nach neunzig Sekunden bis fünfundvierzig Minuten auf. Wenn es sich aber um ein Gefühl deines inneren Kindes handelt, dann kommt es immer und immer wieder und löst sich häufig auch nicht nach fünfundvierzig Minuten auf. Mit diesem Wissen kannst du deine Gefühle in Zukunft besser zuordnen und erkennen, wann du womöglich in deinem Inneren-Kind-Anteil feststeckst.

Symptome des verletzten inneren Kindes

»Woran merke ich, dass mein inneres Kind verletzt ist?«, fragte mich eine Freundin neulich. Meine Antwort: »Die Anzeichen dafür sind so unterschiedlich und vielfältig, dass ich wohl ein ganzes Buch allein darüber schreiben könnte.« Und hier sitzen wir nun und ich möchte dir diese Vielfalt etwas näherbringen, damit du durch das Erkennen deiner Symptome im Laufe dieses Buches zu konkreten Heilungsschritten findest. Dazu dient dieses Kapitel.

GEHEILT WERDEN WILL, WAS SCHMERZT

Im letzten Kapitel hatte ich dir beschrieben, dass emotionale Verletzungen, Zurückweisung, Überforderung und so weiter, die du in der Kindheit erlebt hast, dein inneres Kind prägen – und damit dein Leben heute. Ich spreche von Symptomen, wenn es um mögliche Folgen einer solchen Verletzung irgendeiner Art geht. Darunter fallen Denkweisen, Handlungsmuster und auch Gefühle, also beispielsweise die Angst, niemals gut genug zu sein (weil deine Schwester als Kind immer bessere Noten hatte als du). Oder der Drang, immer etwas leisten zu müssen (weil deine Eltern dich nur lobten und dir nur dann ihre Aufmerksamkeit schenkten, wenn du überragend warst). Oder auch die krampfhafte Abneigung gegen feste Bindungen (weil die Ehe deiner Eltern ein einziger Horror war).

Aber das sind nur ein paar der Spätfolgen, an denen du durch eine Verletzung im Kindesalter heute noch leiden könntest. Manchmal entstehen aus einer Verletzung auch gleich mehrere Folgen. Wenn dir beispielsweise als Kind beinahe täglich vermittelt wurde, dass du nicht gut genug bist, so neigst du heute vielleicht zu einer generellen Überanpassung, versuchst es deinem Partner immer recht zu machen und tendierst zum Klammern aus Angst, verlassen zu werden.

Umgekehrt dürfen wir aber auch beachten, dass nicht jede Zurückweisung oder Verletzung in der Kindheit zu einem Symptom in unserem Leben im Hier und Jetzt führt. Wenn deine Mutter dir einmal in einem Moment der Überforderung vorgeworfen hat, dass du dich »immer mit Absicht so blöd anstellst«, oder wutentbrannt geschrien hat, womit sie dich nur verdient hat, ansonsten aber immer sehr liebevoll war und dich in deinem Wachstum gestärkt hat, wirst du davon eher keine Wunde und daher auch kein negatives Symptom davongetragen haben.

Ebenso ist nicht jedes Symptom, das du im Verlauf dieses Kapitels entdecken wirst, zwingend ein Grund, dein inneres Kind an dieser bestimmten Stelle zu heilen. Das braucht es beispielsweise dann nicht, wenn es dich gar nicht stört. So traf ich neulich bei einem Hypno-Seminar einen jungen Mann, mit dem ich mich bestens unterhielt. Er erzählte mir, dass in seinem Elternhaus immer ein gewisser Leistungsdruck geherrscht hat und er diesen für sich selbst übernommen hat. Als ich ihn fragte, ob er nicht endlich frei von diesem Druck sein wolle, sagte er: »Nein, wieso denn? Der Druck, den ich mir selbst mache, ist genau angemessen. Er hat mich schon so oft im Leben weitergebracht, den möchte ich keinesfalls loslassen.«

Ich gebe zu, das ist ein besonderes Beispiel, denn oft ist es gerade der unbewusste Erwartungsdruck aus der Kindheit, der uns im Erwachsenenalter unbewusst noch immer zu schaffen macht. Aber wie man sieht, ist jeder Fall individuell. Also bedenke bitte, dass du dich nur um Symptome und ihre dahinterstehende Kindheitsverletzung kümmern musst, wenn es sich dabei um etwas handelt, das dein Leben im Hier und Jetzt schwer und leidvoll macht.

Ich werde dir im Laufe dieses Buchteils drei verschiedene Arten von Symptomen vorstellen:

- Schutzstrategien
- Kopie oder Gegenteil
- Reinszenierung der Kindheit

Werde aktiv

Deine Symptome werden dich später direkt zu den relevantesten Wunden deines inneren Kindes führen, die gesehen und geheilt werden möchten. Deshalb ist es hilfreich, wenn du beim Lesen gleich aktiv wirst und dir mögliche Ursachen, die ich beim Erklären der Symptome ansatzweise bereits vorstelle, notierst. Stufe außerdem bei jedem Symptom deine Betroffenheit auf einer Skala von 0 bis 10 ein. 0 heißt: »Das trifft gar nicht auf mich zu.« 10 heißt: »Das passt auf mich zu 100 Prozent.« Bei einer Einstufung ab 5 oder höher ist das Symptom und die zugrunde liegende Ursache für deine Innere-Kind-Heilung mit hoher Wahrscheinlichkeit relevant.

DER ALTE SCHUTZHELM DEINES INNEREN KINDES

Sein inneres Kind nicht zu heilen, kannst du dir bildhaft ungefähr so vorstellen, als hättest du mit sieben Jahren Skateboard fahren gelernt. Um dich zu schützen, hast du einen Kinderhelm sowie Knie- und Ellbogenschützer verwendet. Obwohl dir heute weder der Mini-Helm noch die Schützer passen, nutzt du diese trotzdem weiterhin. Das Skateboardfahren macht so absolut keine Freude, die alten Schutzmaßnahmen engen dich ein und hindern dich daran, erfolgreich zu skaten. Immer wieder stürzt du in der Kurve, weil das Skateboard einfach nicht für deine heutige Größe angelegt ist, und der Helm, der dich schützen soll, springt in diesen Momenten auf und lässt deinen Kopf unangenehm hart auf den Boden knallen. Das tut weh. Ganz abgesehen von den vielen Schürfwunden, die du dir beinahe täglich zuziehst.

Was hat das mit mir und meinem inneren Kind zu tun, fragst du dich? Ganz einfach: Als du ein Kind warst, waren deine Schutzmöglichkeiten beschränkt. Immer, wenn du zum Beispiel durch das Verhalten deiner Eltern, Großeltern oder anderer Kinder verletzt wurdest, hast du daraus gelernt und dir eine Strategie überlegt, wie du dich davor schützen kannst. Irgendwann hattest du dann immer diese Strategie – also deinen Helm und deine Schützer – parat, sodass die Verletzungen zwar trotzdem nicht angenehm waren, du dich aber vor dem schlimmsten Schmerz bewahren konntest.

Genau diese Schutzstrategien verwendest du heute unreflektiert weiter, obwohl du längst über sie hinausgewachsen bist, sie nicht erwachsenengerecht und für deine Heilung suboptimal sind. Was ich dir damit sagen will: Wirf den alten Helm und die Schützer endlich in den Müll. Sie schützen dich nicht mehr, sondern sabotieren dich.

Aber von welchen Schutzstrategien sprechen wir hier überhaupt? Es handelt sich dabei um Verhaltensmuster, die dir in der Kindheit dienlich waren, es aber jetzt längst nicht mehr sind. Die zehn häufigsten stelle ich dir jetzt vor. Halte einen Notizblock sowie einen Stift parat und notiere, wie eingangs erläutert, wie stark du dich vom jeweiligen Symptom betroffen fühlst.

1. KLAMMERVERHALTEN

Neigst du dazu, deine Unabhängigkeit schnell aufzugeben? Erhoffst du dir von deinem Partner oder anderen wichtigen Menschen einen Exklusivitätsanspruch? Sobald du jemanden liebgewonnen hast, möchtest du nicht mehr von seiner Seite weichen? Hast du ein ausgeprägtes Nähebedürfnis? Oder holt dich öfter die Eifersucht ein?

Dann ist es gut möglich, dass du die Schutzstrategie Klammern lebst. Sinngemäß soll dich diese davor schützen, verlassen oder alleingelassen zu werden. Das ist deine größte Angst. Doch genau sie kann diese Schutzstrategie nicht verhindern – im Gegenteil: Klammernde Menschen werden besonders oft verlassen. Das liegt daran, dass wir versuchen, durch das Klammern Aufmerksamkeit, Liebe und Bestätigung im Übermaß einzufordern. Unser Gegenüber fühlt sich von den hohen Ansprüchen meist überfordert und eingeengt. Eine häufige Reaktion daraufhin ist Flucht – genau das, was wir eigentlich mit dem Klammern verhindern wollen.

Zudem neigen klammernde Menschen zu unterwürfigem Verhalten. Das bedeutet, sie machen sich selbst klein, während sie ihr Gegenüber groß machen. Das geht nicht unbemerkt am anderen vorüber. Er spürt das und verliert dadurch schnell das Interesse.

Einfach ausgedrückt: Der Unabhängigere von beiden wird zum Star, während der Klammernde zu einem lästigen Fan wird. Eine Beziehung oder Freundschaft auf Augenhöhe ist so schwer möglich.

Besonders häufig eignen wir uns den Schutzmechanismus Klammern an, wenn wir als Kind von einem oder beiden Elternteilen verlassen wurden, wenn sich unsere Eltern getrennt haben, wir vernachlässigt oder viel zu oft oder zu früh alleingelassen wurden. Auch ein genereller Liebesentzug der Eltern oder frühkindliche Ablehnung können die Ursache für diese Schutzstrategie sein.

Erkennst du dich darin? Sieh jetzt einmal genauer nach, wie das bei dir ist. Inwieweit lebst du diese Schutzstrategie?

KLAMMERN – DEINE STRATEGIE?

Wie sehr trifft diese Verhaltensweise auf dich zu? Mach auf der folgenden Linie einen farbigen Punkt oder notiere dir die Zahl von 0 bis 10.

0 ____ 10

Sollte dein Wert über 5 liegen, so können die folgenden Affirmationen heilsam auf dich wirken. Geh wie folgt vor, damit die Worte zu deinem inneren Kind, das diesen Schutzmechanismus aufrechterhält, durchdringen:
Atme einige Male tief ein und aus, schließe deine Augen, leg deine Hand auf dein Herz und verbinde dich so mit deinem

inneren Kind. Visualisiere dein kleines Ich und dann geh Schritt für Schritt mit einem friedlichen Lächeln auf es zu. Knie dich zu ihm nieder und sag ihm die folgenden Affirmationen immer wieder mit inbrünstiger und liebevoller Überzeugung.

- Du bist wichtig und liebenswert!
- Ich bin und bleibe bei dir, egal was passiert.

2. FLUCHT

Suchst du bei Konflikten und Streit schnell das Weite? Reagierst du öfter mit Flucht, wenn du dich überfordert fühlst? Vermeidest du es, über Dinge zu sprechen, die dir unangenehm sind, und bist daher ein Profi im Ablenken? Oder neigst du dazu, schwierige Entscheidungen und Gespräche immer wieder aufzuschieben?

Dann bist du vielleicht von der Schutzstrategie Fluchtverhalten betroffen. Die Schwierigkeit: Flüchten löst keine Probleme. Egal, wo du hingehst, du wirst keinen Ort, keinen Job und keine Beziehung ohne Konflikte finden. Die stetige Vermeidung führt in der Regel nur dazu, dass sich deine Gefühle und Probleme immer mehr aufstauen. Diese Schutzstrategie hat dir vielleicht in der Kindheit dabei geholfen, den Schmerz in unangenehmen Situationen zu lindern. Wenn sich Mama und Papa stritten, hast du dich vielleicht unter dem Tisch versteckt und dir die Ohren zugehalten, so war alles nur noch halb so schlimm. Oder wenn dein Vater wieder einen schlechten Tag hatte und seine Wut an dir ausließ, war es hilfreich, dein Fahrrad zu schnappen und mit deinen Freunden loszuziehen.

Aber heute ist dir dieser alte Schutzhelm namens Flucht keine echte Hilfe mehr. Als Erwachsener löst man Probleme viel eher, indem man darüber spricht, seine Bedürfnisse und Wünsche kommuniziert, Handlungen setzt und sich seinen unangenehmen Gefühlen und Ängsten stellt. Aber das ist natürlich leichter gesagt als getan – schließlich hast du dich mit dieser Schutzstrategie Flucht bisher ganz gut durch dein ganzes Leben geschlagen.

Angeeignet hast du sie dir vermutlich vor allem dann, wenn deine Kindheit sehr konfliktreich oder derart chaotisch war, dass du dich oft überfordert gefühlt hast. Auch Kinder von dominanten, narzisstischen, cholerischen oder gar gewalttätigen Eltern neigen oft zu Fluchtverhalten.

FLUCHT – DEINE STRATEGIE?

Wie sehr trifft diese Verhaltensweise auf dich zu? Mach auf der folgenden Linie einen farbigen Punkt oder notiere dir die Zahl von 0 bis 10.

0____10

Sollte dein Wert über 5 liegen, so können die folgenden Affirmationen heilsam auf dich wirken. Geh wie folgt vor, damit die Worte zu deinem inneren Kind, das diesen Schutzmechanismus aufrechterhält, durchdringen:
Atme einige Male tief ein und aus, schließe deine Augen, leg deine Hand auf dein Herz und verbinde dich so mit deinem inneren Kind. Visualisiere dein kleines Ich und dann geh Schritt für Schritt mit einem friedlichen Lächeln auf es zu. Knie dich zu ihm nieder und sag ihm die folgenden Affirmationen immer wieder mit inbrünstiger und liebevoller Überzeugung.

- Ich bin und bleibe bei dir. Du musst das nicht allein durchstehen.
- Gemeinsam schaffen wir das. Alles wird gut!

3. ANGRIFF

Bist du ein aufbrausender Mensch und wirst du laut, wenn dir etwas nicht passt? Hast du das Gefühl, dich manchmal nicht unter Kontrolle zu haben? Passiert es dir öfter, dass du Menschen, die du liebst, verletzt oder beleidigst und es dir im Nachhinein leidtut? Lässt du dir selten etwas gefallen? Fühlst du dich schnell angegriffen? Triggert dich Ungerechtigkeit extrem?

Angriff ist angeblich die beste Verteidigung. In Notsituationen ja, aber in Beziehungen keinesfalls. Stell dir vor, du rufst bei deiner Sozialversicherung wegen eines Verrechnungsfehlers an, den du korrigiert haben möchtest. Weil du ohnehin schon wütend bist, schreist du die Dame am anderen Ende der Leitung an und unterstellst ihr Unfähigkeit. Was glaubst du, wirst du so das Ziel deines Anrufs erreichen? Schwierig. Aber sogar, wenn es klappt, kostet es dich viel mehr Kraft und Nerven, als wenn du ruhig geblieben wärst. Angriff ist also vor allem für deine mentalen Ressourcen auf Dauer keine gesunde Strategie, um dich zu schützen. Denn auf Angriff folgt immer Gegenangriff und das führt zu noch mehr Stress und sogar zu körperlichen Symptomen wie Bluthochdruck, Verspannungen, Kopf- oder Bauchschmerzen oder Schlafproblemen.

Natürlich hat es einen Grund, warum du gerade mit dem Schutzmechanismus Angriff reagierst. Entweder wurdest du in deiner Kindheit häufig verbal oder sogar physisch angegriffen und hast es dir so von deinen Bezugspersonen abgeschaut. Oder aber du hast diese Schutzstrategie erst später entwickelt, um all die Wut, die sich durch die Ungerechtigkeiten in deiner Kindheit angestaut hat, endlich freizulassen. Womöglich hast du einen unbewussten inneren Schwur abgelegt, der lautet: So lasse ich mich nie wieder behandeln – und der einzige Weg dafür ist Angreifen, bevor mich jemand angreift.

ANGRIFF – DEINE STRATEGIE?

Wie sehr trifft diese Verhaltensweise auf dich zu? Mach auf der folgenden Linie einen farbigen Punkt oder notiere dir die Zahl von 0 bis 10.

0____10

Sollte dein Wert über 5 liegen, so können die folgenden Affirmationen heilsam auf dich wirken. Geh wie folgt vor, damit die Worte zu deinem inneren Kind, das diesen Schutzmechanismus aufrechterhält, durchdringen:
Atme einige Male tief ein und aus, schließe deine Augen, leg deine Hand auf dein Herz und verbinde dich so mit deinem inneren Kind. Visualisiere dein kleines Ich und dann geh Schritt für Schritt mit einem friedlichen Lächeln auf es zu. Knie dich zu ihm nieder und sag ihm die folgenden Affirmationen immer wieder mit inbrünstiger und liebevoller Überzeugung.

- Du bist in Sicherheit! Ich beschütze dich.
- Du darfst dich entspannen und loslassen.

4. HELFERSYNDROM

Bietest du häufig deine Hilfe an, zuweilen auch ungefragt? Neigst du dazu, dich für andere aufzuopfern? Fühlst du dich nur dann besonders wertvoll, wenn du anderen hilfst? Machst du die Probleme anderer oft zu deinen? Ist es deine Mission, andere zu retten? Und stellst du dabei oft deine eigenen Probleme und Wünsche hinten an?

Dann leidest du wohl am Helfersyndrom. Obwohl Helfen etwas Wundervolles und Wichtiges ist, muss es deiner psychischen Gesundheit zuliebe Grenzen geben. Ob du diese regelmäßig überschreitest, erkennst du an zwei Dingen:

- Du tust mehr für das Ziel oder die Problemüberwindung einer anderen Person als sie selbst.
- Es bleibt nicht mehr genug Energie und Zeit, um dich genauso fürsorglich um dich selbst zu kümmern.

Spätestens, wenn einer der beiden Punkte zutrifft, solltest du die Handbremse ziehen. Aber das ist nicht immer leicht, vor allem, wenn man das Helfen als Schutzstrategie nutzt.

Haben wir als Kind wenig oder keine bedingungslose Liebe erfahren, so haben wir uns auf die Suche nach Möglichkeiten begeben, diese Liebe trotzdem zu erhalten, zum Beispiel indem wir etwas besonders Hilfreiches gemacht haben: den Abwasch erledigen, dem kleinen Bruder die Zähne putzen oder die Bügelarbeiten für Mama übernehmen. Dabei fanden wir heraus, dass es gern gesehen und mit positivem Feedback und Anerkennung belohnt wird, wenn wir anderen das Leben leichter machen. Das Helfen hat uns also vielleicht in der Kindheit davor bewahrt, an »Liebeshunger« zu sterben. Und so haben wir es unhinterfragt ins Erwachsenenalter mitgenommen und ein Helfersyndrom entwickelt.

HELFEN – DEINE STRATEGIE?

Wie sehr trifft diese Verhaltensweise auf dich zu? Mach auf der folgenden Linie einen farbigen Punkt oder notiere dir die Zahl von 0 bis 10.

0____10

Sollte dein Wert über 5 liegen, so können die folgenden Affirmationen heilsam auf dich wirken. Geh wie folgt vor, damit die Worte zu deinem inneren Kind, das diesen Schutzmechanismus aufrechterhält, durchdringen:

Atme einige Male tief ein und aus, schließe deine Augen, leg deine Hand auf dein Herz und verbinde dich so mit deinem inneren Kind. Visualisiere dein kleines Ich und dann geh Schritt für Schritt mit einem friedlichen Lächeln auf es zu. Knie dich zu ihm nieder und sag ihm die folgenden Affirmationen immer wieder mit inbrünstiger und liebevoller Überzeugung.

- Du musst nicht nützlich für andere sein, um geliebt zu werden.
- Du bist um deiner selbst willen wertvoll und liebenswert.

5. KONTROLLZWANG UND/ODER PERFEKTIONISMUS

Hast du hohe Ansprüche an dich selbst und andere? Hast du ständig Angst, Fehler zu machen? Möchtest du immer alles perfekt erledigen? Neigst du dazu, dich selbst und andere zu kontrollieren? Kommst du mit Arbeiten oft zu keinem Ende, weil du sie immer noch besser machen möchtest? Hast du oft Schwierigkeiten, dich zu entscheiden, und zögerst Dinge hinaus?

Dann ist es sehr wahrscheinlich, dass du unter Perfektionismus oder Kontrollzwang – oder unter beidem – leidest. Vor langer Zeit hast du zu dieser Schutzstrategie gegriffen, vermutlich aus einem logischen Grund: Du wolltest keine Fehler mehr machen. Vielleicht wurden Fehler in deiner Kindheit hart, möglicherweise mit Liebesentzug bestraft. Dein Kontrollzwang versucht dich heute davor zu bewahren, dass genau das erneut passiert. Und der Perfektionismus ist sein idealer Gefährte, besonders dann, wenn du als Kind oft das Gefühl hattest, nicht gut genug zu sein. In diesem Fall versuchst du vermutlich auch noch heute, dir durch Perfektion endlich einmal die Bestätigung und Anerkennung zu holen, die du dir seit damals wünschst.

Unbedingt Fehler vermeiden!
Das ist die verkrampfte Intention dieser Strategie.

Ein weiterer Grund für Kontrollzwang als Schutzmechanismus ist eine sehr chaotische Kindheit, in der es an Halt, Sicherheit und Struktur gefehlt hat. Wurdest du vernachlässigt, hast du zum Beispiel kein Pausenbrot bekommen, wurdest du öfter vergessen, hat man dich alleingelassen oder hat es viele negative Überraschungen in deiner Kindheit gegeben, so möchtest du diese Überforderung, die die damaligen Situationen ausgelöst haben, heute unbedingt vermeiden. Dein Werkzeug dafür könnte Kontrollzwang oder/und Perfektionsstreben sein.

Auch wenn es damals für dich hilfreich war, die Dinge kontrollieren zu lernen und möglichst alles perfekt zu machen, ist diese Schutzstrategie heute mehr Fluch als Segen. Sie vereinnahmt deine Gedanken, deine Energie, deine Zeit, fördert Misstrauen in Beziehungen, lässt dich an einer Stelle oft viel zu lange verharren und sorgt für permanente Selbstzweifel.

KONTROLLE, PERFEKTIONISMUS – DEINE STRATEGIE?

Wie sehr trifft diese Verhaltensweise auf dich zu? Mach auf der folgenden Linie einen farbigen Punkt oder notiere dir die Zahl von 0 bis 10.

0____10

Sollte dein Wert über 5 liegen, so können die folgenden Affirmationen heilsam auf dich wirken. Geh wie folgt vor, damit die Worte zu deinem inneren Kind, das diesen Schutzmechanismus aufrechterhält, durchdringen:
Atme einige Male tief ein und aus, schließe deine Augen, leg deine Hand auf dein Herz und verbinde dich so mit deinem inneren Kind. Visualisiere dein kleines Ich und dann geh Schritt für Schritt mit einem friedlichen Lächeln auf es zu. Knie dich zu ihm nieder und sag ihm die folgenden Affirmationen immer wieder mit inbrünstiger und liebevoller Überzeugung.

- Du musst nicht perfekt sein!
- Du bist mit all deinen Schwächen und Fehlern liebenswert, so wie du bist.

6. MISSTRAUEN

Fällt es dir schwer, dich zu öffnen? Misstraust du anderen oft? Neigst du zu Kontrollzwang oder Eifersucht? Bist du positiven Dingen gegenüber skeptisch? Hast du gelernt, dass du dich nur auf dich selbst verlassen kannst?

Wenn dich diese Aussagen ansprechen, dann ist Misstrauen in deinem Leben vermutlich ein ständiger Gefährte. Er macht es dir schwer, innige Beziehungen aufzubauen. Dein unentwegtes, meist unbewusstes Suchen nach Beweisen, dass andere dir schaden oder dich hintergehen wollen, und die Vermeidung jedes Risikos führen dazu, dass du dich in zwischenmenschlichen Beziehungen selten bis nie wirklich entspannen kannst. Begleiterscheinungen sind oft Kontroll- und Eifersucht, die – wie du rational bestimmt weißt – ebenso Gift für eine gesunde Beziehung sind.

Aber woher kommt dieses große Misstrauen überhaupt? Möglich wäre, dass du in der Kindheit immer wieder schwer enttäuscht wurdest. Deine Mutter oder dein Vater haben dir beispielweise etwas versprochen, auf das du dich wahnsinnig gefreut hast, das dann aber nicht eingehalten wurde. Diese Enttäuschung tat so weh, dass du dir vorgenommen hast, dich künftig gegen derartige Schmerzen zu schützen, indem du anderen nicht mehr traust.

Eine weitere Möglichkeit ist, ähnlich wie bei der Kontrollsucht, die Erfahrung, dass du dich nur auf dich selbst verlassen konntest. Vielleicht waren deine Bezugspersonen emotional oder generell unreif und haben ihre Aufgabe, dich zu versorgen, daher stark vernachlässigt. Daraus hast du gelernt, dass du dich nur auf dich verlassen kannst. Dein heutiges Misstrauen wurde geboren.

Generell sind Menschen, die in der Kindheit eine instabile Beziehung zu ihren Eltern hatten, misstrauischer als jene, die eine positive erste Liebeserfahrung gemacht haben. Verantwortlich dafür ist die Schlussfolgerung: Wenn Mama und Papa mich schon nicht so lieben und wertschätzen, wie ich bin, wird es auch sonst niemand tun.

MISSTRAUEN – DEINE STRATEGIE?

Wie sehr trifft diese Verhaltensweise auf dich zu? Mach auf der folgenden Linie einen farbigen Punkt oder notiere dir die Zahl von 0 bis 10.

0____10

Sollte dein Wert über 5 liegen, so können die folgenden Affirmationen heilsam auf dich wirken. Geh wie folgt vor, damit die Worte zu deinem inneren Kind, das diesen Schutzmechanismus aufrechterhält, durchdringen:
Atme einige Male tief ein und aus, schließe deine Augen, leg deine Hand auf dein Herz und verbinde dich so mit deinem inneren Kind. Visualisiere dein kleines Ich und dann geh Schritt für Schritt mit einem friedlichen Lächeln auf es zu. Knie dich zu ihm nieder und sag ihm die folgenden Affirmationen immer wieder mit inbrünstiger und liebevoller Überzeugung.

- Es war nicht deine Schuld, dass du enttäuscht wurdest.
- Ab jetzt sorge ich für dich! Du darfst vertrauen und loslassen.

7. IMMER STARK SEIN

Möchtest du immer alles allein schaffen? Wirkst du nach außen stets stabil und stark? Sagt man dir nach, dass dich nichts so schnell umhaut? Hast du eine tiefe Sehnsucht danach, dich auch einmal fallen zu lassen? Verbietest du dir trotzdem, Schwäche zu zeigen oder vor anderen zu weinen? Tust du dich schwer damit, nach Hilfe zu fragen oder sie anzunehmen?

Dann lebst du vermutlich nach der inneren Überzeugung: Ich muss immer stark sein. Das führt dazu, dass du vieles mit dir selbst ausmachst, weil du es als Schwäche interpretierst, andere um Hilfe zu bitten. Nicht selten kommt es dadurch zu dem anhaltenden Glauben, dass du alles als Einzelkämpfer schaffen musst, und in Folge zu Überforderung.

Zudem bist du vielleicht auch ein Profi darin, die Maske des oder der Starken zu tragen. Egal, wie sehr es in dir schmerzt, du funktionierst weiter und verziehst keine Miene. Deine Gefühle zu offenbaren, ist nicht deine Art, denn das könnte dazu führen, dass dich andere als Schwächling einschätzen.

Kurzum: Immer stark sein ist ein Kraftakt, der dich aber nicht wirklich stärker macht. Ganz im Gegenteil, denn um Hilfe zu bitten, verbindet Menschen in der Regel und lässt Beziehungen tiefer werden. Außerdem verhindert es oft das Gefühl von Überforderung und Einsamkeit. Und auch Gefühle zu zeigen, macht uns nicht schwach, sondern menschlich und liebenswert.

Aber woher kommt dieses selbstsabotierende Verhalten überhaupt? Meist entsteht die Prägung bereits in der Kindheit, beispielsweise dann, wenn dir verboten wurde, negative Gefühle wie Traurigkeit oder Wut zu zeigen. Wenn du also immer wieder zu hören bekommen hast: »Sei doch kein Weichei. Ein Indianer kennt keinen Schmerz. Heul bloß nicht rum.« Oder: »Reiß dich mal zusammen!«

Eine weitere Ursache für das Alles-allein-schaffen-Wollen ist Vernachlässigung. Wenn sich deine Eltern oder andere Bezugspersonen also nicht ausreichend um dich gekümmert haben und du viel zu früh selbstständig werden und Verantwortung übernehmen musstest. Dadurch hast du gelernt: Mir hilft keiner, ich muss es also allein schaffen.

IMMER STARK SEIN – DEINE STRATEGIE?

Wie sehr trifft diese Verhaltensweise auf dich zu? Mach auf der folgenden Linie einen farbigen Punkt oder notiere dir die Zahl von 0 bis 10.

0____10

Sollte dein Wert über 5 liegen, so können die folgenden Affirmationen heilsam auf dich wirken. Geh wie folgt vor, damit die Worte zu deinem inneren Kind, das diesen Schutzmechanismus aufrechterhält, durchdringen:
Atme einige Male tief ein und aus, schließe deine Augen, leg deine Hand auf dein Herz und verbinde dich so mit deinem inneren Kind. Visualisiere dein kleines Ich und dann geh Schritt für Schritt mit einem friedlichen Lächeln auf es zu. Knie dich zu ihm nieder und sag ihm die folgenden Affirmationen immer wieder mit inbrünstiger und liebevoller Überzeugung.

- Du warst jetzt lange genug stark.
- Du darfst jetzt schwach sein und Hilfe annehmen.
- Ich helfe dir gern!

8. HARMONIESUCHT

Tendierst du dazu, es anderen immer recht zu machen? Passt du dich anderen immer an? Kannst du schwer Nein sagen? Vermeidest du Konflikte um jeden Preis? Versuchst du, immer

alle bei Laune zu halten? Wurdest du schon öfter ausgenutzt? Bist du lieb, brav und unkompliziert?

Dann ist die Schutzstrategie Harmoniestreben womöglich deine. Sie ist wohl mit am weitesten verbreitet. Durch dein gezähmtes Verhalten versuchst du immer, alle um dich herum zufriedenzustellen, passt dich den Meinungen und Wünschen anderer an und schluckst deinen Groll um des lieben Friedens willen runter. Bloß nicht anecken, ist deine Devise. Nichts ist schlimmer für dich als Streitigkeiten, denn sie lösen in dir die Angst, abgelehnt oder verlassen zu werden, aus.

Bei all dem Streben der Harmonie zuliebe vergisst du allerdings dich selbst, was auf Dauer ungesunde Auswirkungen hat. Deine Bedürfnisse werden ausgeblendet und nicht erfüllt, du verbiegst dich und vergisst mit der Zeit, wer du eigentlich wirklich bist, deine Gefühle werden unterdrückt und der Groll staut sich in dir an. Und obwohl du das alles in Kauf nimmst und dich so bemühst, schaffst du es trotzdem nicht, es allen recht zu machen, weil das einfach nicht möglich ist. Und so holt dich das eigentliche Problem, nämlich die Angst, nicht zu gefallen und abgelehnt zu werden, doch wieder ein.

Es allen recht zu machen, ist
ein Ding der Unmöglichkeit.

Diese Angst kennst du vermutlich bereits seit deiner Kindheit. Damals wurde dir beigebracht, dass du nur gesehen, anerkannt und geliebt wirst, wenn du lieb und brav bist. Um zu gefallen, musstest du es deinen Bezugspersonen also immer recht machen, dich ihren Erwartungen anpassen und deine Gefühle unterdrücken, denn die wollte niemand sehen. Hast du den Erwartungen nicht entsprochen, so hat dir Liebesentzug gedroht. Weil das verdammt wehtat, hast du den Entschluss gefasst, fortan immer lieb zu sein, allen zu gefallen und bei niemandem anzuecken.

HARMONIESUCHT – DEINE STRATEGIE?

Wie sehr trifft diese Verhaltensweise auf dich zu? Mach auf der folgenden Linie einen farbigen Punkt oder notiere dir die Zahl von 0 bis 10.

0____10

Sollte dein Wert über 5 liegen, so können die folgenden Affirmationen heilsam auf dich wirken. Geh wie folgt vor, damit die Worte zu deinem inneren Kind, das diesen Schutzmechanismus aufrechterhält, durchdringen:

Atme einige Male tief ein und aus, schließe deine Augen, leg deine Hand auf dein Herz und verbinde dich so mit deinem inneren Kind. Visualisiere dein kleines Ich und dann geh Schritt für Schritt mit einem friedlichen Lächeln auf es zu. Knie dich zu ihm nieder und sag ihm die folgenden Affirmationen immer wieder mit inbrünstiger und liebevoller Überzeugung.

- Du darfst ganz du selbst sein.
- Deiner selbst wegen verdienst du Liebe und Zuneigung.
- All deine Gefühle und Bedürfnisse sind jederzeit willkommen!

9. ABSPALTUNG ODER UNTERDRÜCKUNG VON GEFÜHLEN

Hast du keinen Zugang zu bestimmten negativen Gefühlen? Sind deine Tränen vor langer Zeit verebbt – ist es dir also nicht mehr wirklich möglich, zu weinen? Fällt es dir schwer, über deine Gefühle zu sprechen, und hast du vielleicht sogar eine Abneigung, wenn es ein anderer tut? Gibt es Laster, die du unbewusst zur Gefühlsunterdrückung nutzt (Essen, Netflix, Rauchen, Shoppen, Alkohol …)? Kannst du dich gar nicht an deine Kindheit erinnern? Hast du das Gefühl, einen bestimmten Schmerz vor langer Zeit in einen Keller gesperrt zu haben?

Dann besteht die Möglichkeit, dass sich deine Psyche durch die sogenannte Dissoziation versucht zu schützen. Dabei werden schmerzhafte Gefühle abgespaltet. Wir tun so, als würden sie nicht mehr zu uns gehören. Dieser Prozess findet meist unbewusst statt – zu unserem Schutz. Bildlich gesprochen wird dabei ein Schmerz, der uns unerträglich erscheint, in den Keller gesperrt, damit wir die Situation überstehen und trotzdem weiterfunktionieren können.

Das Problem bei der Abspaltung von Gefühlen ist, dass diese dadurch nicht verschwinden. Die unterdrückten Emotionen können zu diversen körperlichen Blockaden und psychischen Erkrankungen, wie beispielsweise Depressionen, führen. Außerdem entsteht häufig der Effekt, dass auch positive Gefühle weniger stark gespürt und gelebt werden, sich also eine allgemeine Gefühlsabstumpfung einstellt.

Oft entsteht eine Gefühlsdissoziation bereits in der Kindheit. Besonders dann, wenn wir schreckliche und traumatisierende Dinge erleben. Da Kleinkinder starke negative Gefühle nur schwer verarbeiten können, ist die Gefühlsabspaltung bei Extremerlebnissen oft der einzige Ausweg. Sie nehmen ihren Schmerz dann so wahr, als wären sie nur Zuschauer.

Neben der Gefühlsabspaltung gibt es auch noch die klassische Verdrängung von Gefühlen, die viele kennen. Damit uns das Verdrängen besser gelingt, wir unsere Gefühle also nicht mehr fühlen müssen, legen wir uns zudem oft schon in der Kindheit Strategien zu. Dazu gehört beispielsweise emotionales Essen, also Essen ohne Hunger, nur um die negativen Gefühle nicht zu spüren. Auch diese Strategie übernehmen wir fast immer ins Erwachsenenalter. Auch andere Kompensationstechniken, wie übermäßiger Alkoholkonsum, Rauchen, Computerspiel- oder Shoppingsucht, sind weitverbreitet.

Wichtig!

Bei traumatischen Erlebnissen empfehle ich immer, einen Therapeuten aufzusuchen. Insbesondere eine Dissoziation sollte mit einem Psychotherapeuten oder Arzt besprochen werden.

VERDRÄNGEN VON GEFÜHLEN – DEINE STRATEGIE?

Wie sehr trifft diese Verhaltensweise auf dich zu? Mach auf der folgenden Linie einen farbigen Punkt oder notiere dir die Zahl von 0 bis 10.

0____10

Sollte dein Wert über 5 liegen, so können die folgenden Affirmationen heilsam auf dich wirken. Geh wie folgt vor, damit die Worte zu deinem inneren Kind, das diesen Schutzmechanismus aufrechterhält, durchdringen:

Atme einige Male tief ein und aus, schließe deine Augen, leg deine Hand auf dein Herz und verbinde dich so mit deinem inneren Kind. Visualisiere dein kleines Ich und dann geh Schritt für Schritt mit einem friedlichen Lächeln auf es zu. Knie dich zu ihm nieder und sag ihm die folgenden Affirmationen immer wieder mit inbrünstiger und liebevoller Überzeugung.

- Du darfst jetzt aufhören, den Schmerz zu unterdrücken. Lass ihn frei!
- Du bist nicht allein. Ich bin bei dir und halte dich, wenn es wehtut.

10. LEISTUNGSDRANG

Bist du ein richtiges Arbeitstier? Fühlst du dich schlecht, wenn du einmal unproduktiv bist? Fällt es dir schwer, nichts zu tun, auch im Urlaub? Lebst du das Motto: Ohne Fleiß kein Preis? Würdest du dich als ehrgeizig und zielorientiert bezeichnen? Fühlst du dich nur dann wertvoll, wenn du etwas leistest oder erfolgreich bist?

Dann ist die Schutzstrategie Leistungsstreben womöglich deine. Besonders betroffen sind häufig erfolgreiche Menschen, die mit beiden Beinen im Leben stehen und von anderen für das, was sie erreicht haben, bewundert werden. Eine intrinsische Motivation zeichnet sie aus, die vor allem durch den Drang, sich wieder und wieder beweisen zu wollen, zustande kommt.

Und obwohl dich dein Leistungsdrang im Leben vielleicht schon oft weitergebracht hat, weißt du dennoch, dass er auch eine Bürde ist. Das ständige Streben nach mehr kostet nämlich verdammt viel Energie und der Lohn, den du dafür bekommst – nämlich die Anerkennung und Bewunderung der anderen –, hält meist nur kurz an.

Und so läufst du Gefahr, irgendwann auszubrennen und die wichtigen Dinge im Leben, fernab von Karriere, beruflichem Erfolg und Prestige, zu verpassen.

Diese häufige Selbstschutzstrategie entsteht meist, wenn wir in der Kindheit die Erfahrung gemacht haben, dass wir nur dann gesehen, gelobt und beachtet wurden, wenn wir etwas Besonderes geleistet haben. Die positive Aufmerksamkeit der Eltern oder anderer Bezugspersonen wurde also an Leistung und Erfolg gebunden. Um unserer selbst willen wurden

wir kaum beachtet und anerkannt. Und so denken wir unbewusst oft noch heute, dass wir nur dann wertvoll und liebenswert sind, wenn wir herausragend viel leisten, und handeln danach.

LEISTUNGSDRANG – DEINE STRATEGIE?

Wie sehr trifft diese Verhaltensweise auf dich zu? Mach auf der folgenden Linie einen farbigen Punkt oder notiere dir die Zahl von 0 bis 10.

0____10

Sollte dein Wert über 5 liegen, so können die folgenden Affirmationen heilsam auf dich wirken. Geh wie folgt vor, damit die Worte zu deinem inneren Kind, das diesen Schutzmechanismus aufrechterhält, durchdringen:
Atme einige Male tief ein und aus, schließe deine Augen, leg deine Hand auf dein Herz und verbinde dich so mit deinem inneren Kind. Visualisiere dein kleines Ich und dann geh Schritt für Schritt mit einem friedlichen Lächeln auf es zu. Knie dich zu ihm nieder und sag ihm die folgenden Affirmationen immer wieder mit inbrünstiger und liebevoller Überzeugung.

- Du bist um deiner selbst willen liebenswert.
- Du darfst jetzt aufhören, dich abzustrampeln.
- Du darfst jetzt loslassen und entspannen.

Du hast nun die zehn häufigsten Schutzstrategien kennengelernt, die wir uns als Kind zulegen und dann im Erwachsenenleben fortführen. Es ist völlig normal, dass dir mehrere oder sogar alle der erläuterten Strategien mehr oder weniger bekannt vorkommen. Es handelt sich dabei um typisch menschliche Verhaltensweisen, die wir in irgendeiner Weise schon oft bei uns selbst oder anderen erlebt haben. Wesentlich für dich sind trotzdem nur jene Strategien, die du mit einem Betroffenheitswert von 5 oder mehr beurteilt hast. Also jene, die überausgereift sind. Ob das nun eine, vier oder sieben sind, bestimmt nicht zwingend die Schwere deiner Verletzungen. Nimm die Anzahl der betroffenen Strategien und die ersten daraus entstanden Erkenntnisse für den Moment einfach einmal an, arbeite mit den bereitgestellten Affirmationen für dein inneres Kind und verlass dich auf den weiteren Prozess.

https:/honigperlen.at/
danke-kleiner-schatz/

DIESE WORTE SIND FÜR DEIN INNERES KIND: DANKE!

Bevor es mit den Symptomen weitergeht, schenken wir deinem inneren Kind Wertschätzung dafür, dass es stets sein Bestes gab, um zu überleben. Zwar haben wir festgestellt, dass die von deinem kleinen Ich damals gewählten Schutzstrategien heute nicht mehr ideal sind, aber dennoch waren sie für das Kind, das du einst warst, die einzige ihm mögliche Bewältigungsstrategie. Genau das wollen wir jetzt anerkennen. Verbinde dich mit deinem inneren Kind und lies oder lausche den heilsamen Worten der Wertschätzung.

Vorbereitung

Bevor du mit dem Lauschen (meine Empfehlung) oder Lesen beginnst, verbindest du dich durch die folgenden drei Schritte mit deinem inneren Kind.
Schließe deine Augen, leg deine Hand auf dein Herz und sage dir: »Ich verbinde mich nun mit meinem Inneren-Kind-Anteil.«
Lass deine Hand fortwährend, solange du liest oder das Audio anhörst, auf deinem Herzen. Du stellst so einen mentalen Verbindungsanker her.
Und nun nimm meine Worte mit den Ohren, den Augen und dem Herzen deines inneren Kindes auf. Wenn die Übung zu Ende ist, nimm die Hand von deinem Herzen, atme tief durch, sage »Ich verbinde mich mit meinem erwachsenen Selbst« und öffne deine Augen.

Das hast du gut gemacht, du kleiner Schatz

Ich weiß, dass es damals nicht leicht für dich war. Wie jedes Kind hast auch du um die Liebe deiner Eltern oder anderer Bezugspersonen gekämpft. Sie war ja überlebenswichtig für dich. Und dennoch hast du Schmerz, Enttäuschung, Zurückweisung oder Überforderung erlebt. Und das tat sehr weh. Bitte glaube mir: Das hattest du nicht verdient.
Und obwohl es so schwer war, hast du nicht aufgegeben, sondern weitergemacht. Du hast dir Schutzstrategien gesucht, die dich überleben ließen. Und auch, wenn diese heute nicht mehr hilfreich sind, waren sie damals der einzige Weg. Der Weg, den du selbstständig gefunden hast, obwohl du noch so klein warst.
Das hast du richtig toll gemacht. Du hast dein Bestes gegeben. Darauf darfst du verdammt stolz sein.
Und deshalb darfst du jetzt damit aufhören, an dir zu zweifeln.

Du hast alles getan, was dir möglich war, und das war mehr als genug. Alles andere lag nicht in deiner Hand. Es war nicht deine Schuld!
Bitte glaube mir: Du hast das großartig gemacht!
Danke, dass du so stark warst.
Danke, dass du durchgehalten hast.
Danke, dass du diese schwere Last getragen hast.
Aber das hat jetzt ein Ende: Denn diese Verantwortung ist zu schwer für dich und sie ist nicht länger deine. Es ist an der Zeit, deine Schutzstrategien loszulassen. Die Verantwortung wieder abzugeben, anzukommen und zu vertrauen.
Weil du es verdienst, in Freiheit und Leichtigkeit Kind sein zu dürfen.
Weil du es verdienst, ganz du selbst zu sein.
Weil du es verdienst, gelöst von deiner Schutzstrategie frei und heil zu sein.
Lass uns die nächsten Schritte dafür gemeinsam tun.

EINE KOPIE ODER DAS GEGENTEIL DEINER ELTERN

Ich bin in einer ländlichen Gegend in einem kleinen Dorf aufgewachsen, aus dem ich jedoch relativ früh mit Anfang zwanzig ausgebrochen bin. Meine Eltern leben noch immer in meinem Heimatdorf und hatten dort bis zu ihrer Pensionierung ein Familiengasthaus. Durch die Besuche bei ihnen habe ich den Anschluss an mein Heimatdorf nie ganz verloren und konnte sehen, was aus dem ein oder anderen Grundschulkollegen später geworden ist. Eines stellte ich dabei oft fasziniert fest: Die coolsten Leute aus meiner Schul- und Jugend-

zeit mutierten mit jedem Jahr, das sie älter wurden, mehr und mehr zu einer Kopie ihrer Eltern. Und damit meine ich nicht nur ihr Aussehen, sondern auch ihre Lebenslaufbahn, ihre Art zu sprechen und ihr Verhalten. Regelmäßig musste ich dabei schmunzeln, vor allem bei jenen, die ich gut kannte und zu denen mich noch immer eine Freundschaft verband. Denn viel zu oft hatte ich in der Teenagerzeit genau von ihnen den Satz gehört: »Ich möchte bloß nicht so werden wie meine Eltern.« Und dennoch passierte es trotz dieses Entschlusses einigen von ihnen. Genau das ist absolut normal, denn es gibt vier Faktoren, die bestimmen, wie wir als Erwachsene werden:

- Unsere Gene – und da spielen unsere Eltern schon einmal eine große Rolle.
- Unser Familienumfeld in der Kindheit. Auch hier sind die Eltern meist das Zentrum.
- Unser Umfeld und unsere Freunde außerhalb der Familie.
- Unsere Fähigkeit, zu reflektieren und uns zu verändern, sowie unser mentales und emotionales Wachstum, das wir durch Bewusstseins- und Mentaltraining fördern können.

Wie du siehst, ist es also beinahe unumgänglich, dass wir Züge unserer Eltern übernehmen, da sie in zwei der vier relevanten Faktoren vorkommen. Solange es sich dabei nur um die übertriebene Ordnungsliebe der Mutter, das Naserümpfen des Vaters oder das ausdrucksstarke Sprechen mit Händen und Füßen beider Elternteile handelt, ist daran auch nichts verkehrt. Wenn wir allerdings ganz unbewusst beinahe zu einer Komplettkopie eines unserer Elternteile werden oder Wesenszüge übernommen haben, die wir eigentlich zutiefst ablehnen, dann kann das durchaus ein Symptom für ein verletztes inneres Kind sein.

DAS BEISPIEL CHRISTIAN

Was genau ich damit meine, erkläre ich dir am Beispiel von Christian, Mathilda und Franzi. Christian ist vierundvierzig Jahre alt, charmant, immer gut gelaunt und humorvoll. Von außen betrachtet ist Christian ein in sich ruhender, glücklicher Mensch. Sein ganzer Stolz ist seine Familie. Mit seiner Frau Michaela hat er zwei Kinder – Zwillinge im Alter von sechs Jahren. In letzter Zeit plagt ihn zu Hause oft das schlechte Gewissen. Der Grund dafür ist seine Wut, die manchmal unkontrolliert und ohne Vorwarnung aus ihm herausbricht. Vor allem dann, wenn die Zwillinge nicht sofort nach seinem Willen handeln oder bei Dingen nach Hilfe fragen, von denen er der Meinung ist, sie müssten sie längst selbstständig erledigen können.

Er brüllt die beiden Kinder dann derart an, dass sie sich weinend im Zimmer oder unter der Armbeuge der Mutter verkriechen. »Papa, ich habe Angst vor dir«, hat seine kleine Tochter neulich, als Mama nicht in greifbarer Nähe war, herzzerreißend gesagt und dabei geweint. Christian schämt sich anschließend regelmäßig für sein Verhalten. Nicht nur aus schlechtem Gewissen seinen Töchtern gegenüber, sondern auch, weil er genau zu dem geworden ist, der er niemals sein wollte, nämlich zu einer Kopie seines cholerischen Vaters. Die Angst, die er selbst als Kind vor seinem ausrastenden Vater gehabt hat, sitzt ihm heute noch tief in den Knochen.

Warum nun genau er selbst so geworden ist, versteht Christian nicht.

Aus Sicht der Inneren-Kind-Arbeit kann jedoch genau das – Christian extremes Verhalten, das er unbewusst von seinem

Vater kopiert hat – ein Symptom und sogar ein Hilfeschrei seines inneren Kindes sein. Er könnte es als Erinnerung verstehen, dass es in ihm noch einen kleinen Jungen gibt, der endlich einmal nach all der Aggression und der Wut, die er in der Kindheit immer wieder abbekommen hat, getröstet, in den Arm genommen und beschützt werden möchte. Den Schmerz, den er spürt, wenn er sein verweintes Kind sieht, das er eigentlich niemals verletzen wollte, diesen Schmerz trägt auch der verletzte kleine Junge in ihm mit sich herum.

DAS BEISPIEL MATHILDA

Ähnlich geht es der einunddreißigjährigen Mathilda. Natürlich wollte auch sie nie werden wie ihre Mutter. Besonders als Teenager hat sie sich geschworen, niemals so ein Hausfrauchen zu sein, das sich alles gefallen lässt. Denn genau das wurde ihr vorgelebt. Während ihr Vater ein weltoffener und erfolgreicher Mann war, hat sich ihre Mutter für die Familie aufgeopfert. Mathildas Vater hat ihre Mutter oft nicht gut behandelt, aber statt dass diese sich wehrte, hat sie ihm ständig Honig ums Maul geschmiert, ihm die Pantoffeln vor die Füße gestellt und sich für alles Mögliche entschuldigt.

Die Unterwürfigkeit der Mutter fand Mathilda erbärmlich.

Schon mit zwölf Jahren war sie zum Gegenteil ihrer Mutter geworden – selbstbewusst, sie wusste sich zu wehren und wollte der ganzen Welt zeigen, was Frauenpower bedeutet. Aber dann kam doch alles ganz anders. Mathilda wurde selbst Mutter und plötzlich war ihr Leben ein Alltagskopie der Beziehung ihrer Eltern. Während ihr Mann durch seinen beruflichen Erfolg immer selbstbewusster wurde, zog sich Mathilda immer mehr zurück, zweifelte an sich selbst und ihrem Wert und versuchte, die Gunst ihres Mannes zu erhalten, indem sie ihm jeden Handgriff recht machte und sich mehr und mehr unterwarf. Verzweifelt stellt Mathilda heute fest, dass sie genau wie ihre Mutter geworden ist. Sie versteht die Welt nicht mehr.

Auch in Mathildas Fall ist es sehr wahrscheinlich, dass ein verletztes inneres Kind seinen Anteil daran hat, dass diese Situation entstehen konnte. Schließlich hat Mathilda gelernt, dass eine Frau sich zu unterwerfen hat und weniger wert ist. Obwohl sie später rein rational verstand, dass dem nicht so ist, gibt es weiterhin ein kleines Mädchen in ihr, das genau dieser Überzeugung folgt.

Mathilda öffnet uns auch gleich die zweite Tür eines Symptoms der Inneren-Kind-Verletzung – nämlich das Streben nach dem kompletten Gegenteil der Eltern. Genau das wollte Mathilda, aber in ihrem Fall ist es nicht gelungen. In anderen Fällen jedoch kommt es dazu. Hierzu schauen wir uns Franzis Werdegang an.

DAS BEISPIEL FRANZI

Franzi ist neununddreißig Jahre alt und weiß eines ganz bestimmt: Das Leben ihrer Eltern möchte sie nie haben. In ihrer Ursprungsfamilie ging es immer nur um Geld, Erfolg, Anerkennung und Prestige. Die Arbeit stand stets an erster Stelle. Franzi baute zu ihrem Kindermädchen schon bald eine engere Bindung auf als zu ihren Eltern. Als sie in die Schule kam, lag der ganze Fokus auf ihren Noten. In ihrer Freizeit musste Franzi außerdem Leistungskurse absolvieren, Fremdsprachen lernen und Klavierunterricht über sich ergehen lassen. Franzi war gefangen in einem goldenen Käfig und schwor sich damals:

»Ich werde mein Leben niemals auf Erfolg und Geld ausrichten.«

Heute ist Franzi Volksschullehrerin und verdient mehr schlecht als recht ihren Lebensunterhalt. Manchmal beneidet sie ihre Freundin, die in einer Bank angestellt ist und täglich Kunden zum spannenden Thema Aktien und Wertpapiere berät. Damit kennt sich Franzi relativ gut aus, sie investiert kleinere Beträge monatlich in nachhaltige Fonds. Generell findet sie die Börse spannend, erlaubt sich aber nicht, sich weiter damit auseinanderzusetzen, da sie keinesfalls so geldausgerichtet erscheinen oder werden möchte wie ihre Eltern. Das ist auch der Grund, warum sie die Beziehung zu Patrick, der von seinen Eltern ein sehr gut laufendes Unternehmen übernommen hat und dementsprechend gut situiert ist, beendet hat. Sein Wohlstand hat sie an ihre Eltern erinnert. Obwohl die Beziehung ihr prinzipiell guttat, ist sie in Panik geflohen, weil sie nicht wollte, dass ihr Leben irgendeine Parallele zu dem ihrer Meinung nach sehr oberflächlichen Leben ihrer Eltern hat.

Wie du bemerkst, kann auch der extreme Wunsch, das genaue Gegenteil der Eltern zu werden, dazu führen, dass du dich selbst sabotierst. Dass du also nicht mehr auf deine Herzensstimme hörst, sondern nur noch auf die Stimme, die dir den Weg zeigt, der am extremstem von dem deiner Eltern abweicht. Auch dieser Drang kann ein Symptom für eine Innere-Kind-Verletzung sein. Franzi hat in ihrer Kindheit gelernt oder interpretiert, dass Arbeit und Geld mehr wert sind als sie selbst. Schließlich waren ihre Eltern immer bei der Arbeit und kaum für sie da. Weil sie genau vor diesem Schmerz fliehen will, tritt der starke Drang, alles anders zu machen als die Eltern, bei ihr auf.

WIE IST ES BEI DIR?

Die Gründe, warum wir das Gegenteil oder die Kopie unserer Eltern werden, sind, wie du erkennen kannst, vielfältig. Im Verlauf des Buches wirst du vermutlich noch einige individuelle Antworten darauf finden. Vorerst konzentrieren wir uns auf das, was alle drei der genannten Symptome gemeinsam haben, nämlich die Ablehnung eines Anteils unserer selbst.

Ablehnung ist ein Kampf und Kämpfen lässt Energie entstehen. Dadurch vermehrt sich in der Regel genau das, was wir eigentlich loswerden wollen.

Christian lehnt seine gesamte Wut ab, obwohl Wut per se nichts Schlechtes ist. Sie ist nur dann gefährlich, wenn man sie dauerhaft unterdrückt und sie sich dann unkontrolliert ihren Weg nach außen bahnt. Mathilda lehnt es ab, dass eine Frau ihre Kraft in die Familie steckt und sich selbst zurücknimmt. Auch das ist, insofern es nicht dauerhaft so ist und gesunde

Grenzen kennt, nicht zwingend etwas Schlechtes. Franzi lehnt ihr Interesse an Wertpapieren sowie ihren Wunsch nach Geld und Wohlstand ab, obwohl diese Dinge absolut nichts Negatives sind. Wenn wir etwas ablehnen, wird es in der Regel immer stärker, weil Energie – und so auch Gedankenenergie – der Aufmerksamkeit folgt.

Es ist in etwa so, wie wenn wir nicht an einen rosaroten Elefanten denken wollen, dieser aber dabei in unserer gedanklichen Vorstellung immer größer und größer wird. Statt dagegen anzukämpfen, empfiehlt es sich also, Frieden zu schließen, denn im Frieden lässt sich fast alles auflösen. Wie du Frieden mit deinen Eltern schließt, dazu kommen wir später noch. Vorerst verschaffen wir uns mit dem Healing to go einen Überblick darüber, wie sehr du von diesen Symptomen betroffen bist, und gewinnen Erkenntnisse, die dir auf deiner Heilungsreise weiterhelfen.

HEALING TO GO: KOPIEN UND GEGENTEILE ERKENNEN

Verschaffe dir einen Überblick, indem du die folgenden Fragen mit einem Betroffenheitswert von 0 = gar nicht betroffen bis 10 = trifft auf mich völlig zu bewertest.

Hast du einen unliebsamen Wesenszug eines deiner Elternteile übernommen, obwohl du es nicht wolltest oder genau diesen Wesenszug ablehnst?

0 ____ 10

Bei einem Wert ab 5 oder höher lohnt es sich, genauer hinzusehen. Stell dir in diesem Fall die folgenden Fragen und beantworte nur jene, die zu deiner Situation passen.

- Was würde passieren, wenn ich diesen Wesenszug liebevoll annehme? (Zum Beispiel könnte aus Wut Trauer werden. Der Anteil der Mutter oder des Vaters könnte abfallen und nur noch meiner übrig bleiben …)
- Welche Möglichkeit gibt es, diesen Wesenszug auf gesunde Art und Weise zu leben? (Antwort von Christian: Meiner Frau in Gesprächen offen sagen, was mich stört; mich auspowern und zum Beispiel wieder Fußball spielen, Ungerechtigkeiten im Job immer offen und zeitnah ansprechen …)
- Was will mir dieser unliebsame Wesenszug womöglich sagen? (Wut: Das war ungerecht oder ich will endlich trauern.)

Wie stark ähnelt dein Leben dem deiner Eltern oder eines Elternteils?

0____10

Bei einem Wert ab 5 oder höher lohnt es sich, genauer hinzusehen. Stell dir in diesem Fall die folgenden Fragen und beantworte nur jene, die zu deiner Situation passen.

- Macht dich dieses Leben eher glücklich oder eher unglücklich? (Die weiteren Fragen sind nur bei der Antwort »unglücklich« für dich bestimmt.)
- Wäre es möglich, dass du deine Mutter oder deinen Vater so stark abgelehnt hast, dass dein inneres Kind durch die Kopie versucht, Nähe und Verbindung zu ihnen aufzubauen?
- Welchen Schmerz deiner Mutter oder deines Vaters könntest du übernommen haben, der zur schmerzhaften Wiederholung ihres Lebens führt?

Wie stark lebst du das genaue Gegenteil von deinen Eltern bzw. eines Elternteils?

0____10

Bei einem Wert ab 5 oder höher lohnt es sich, genauer hinzusehen. Stell dir die folgenden Fragen und beantworte nur jene, die zu deiner Situation passen.

- Macht dich dieses gegenteilige Leben eher glücklich oder eher unglücklich? (Die weiteren Fragen sind nur bei der Antwort »unglücklich« für dich bestimmt.)
- Wenn dir dein gegenteiliges Leben lediglich als Schutzmantel dient, wovor genau schützt er dich? Was ist deine größte Angst?
- Kennst du diese Angst bereits aus deiner Kindheit?

DER SCHMERZFILM DEINER KINDHEIT

Erinnerst du dich an Rose und Jack aus dem Kinofilm »Titanic«? Ich tue es sehr gut, denn ich habe diesen Film mindestens zwanzigmal gesehen. Das erste Mal sah ich ihn im Kino, war gebannt und mitgerissen und vergaß vor lauter Mitfiebern sogar mein Popcorn. Als Jack am Ende des Filmes starb, brach ich in bittere Tränen aus und schwor mir, diesen Film nie mehr wieder anzusehen. Und trotzdem tat ich es immer und immer wieder – mit der unbewussten verrückten Hoffnung, dass der Film beim erneuten Ansehen auf wundersame Weise zu einem Happy End führt. Natürlich tat er das nicht und ich war wieder und wieder dem Trennungsschmerz von Rose und Jack nach seinem Tod ausgeliefert.

Ähnlich verhält es sich beim Schmerzfilm unserer Kindheit. Obwohl wir es nicht wollen, erleben wir ihn wieder und wieder. Dafür ein paar Beispiele:

- Du erlebst die Ablehnung, die dir Mama oder Papa damals entgegengebracht haben, in deinem heutigen Liebesleben immer wieder auf ähnliche Art und Weise.
- Du gelangst auch heute immer wieder in Situationen, die scheinbar beweisen, dass du nicht gut oder klug oder stark genug bist.
- Du wirst auch heute noch genauso von anderen Menschen verlassen und alleingelassen wie damals.

- Du gerätst immer wieder in Situationen, in denen du klein gehalten, ausgegrenzt oder abgelehnt wirst.
- Du wirst immer wieder mit Aufgaben betraut, die dir zu viel sind oder dich überfordern, so wie damals, als man dir als Kind viel zu viel Last aufgebürdet hatte.
- Du begegnest ständig Menschen, für die du scheinbar, genau wie damals für deine Eltern, nicht wichtig, gut oder liebenswert genug bist.
- Deine Misserfolge wiederholen sich auf ähnliche Art und Weise, so wie du es bereits aus der Vergangenheit kennst, immer wieder.
- Du strampelst dich ab, gibst alles – genau wie damals bei Mama und Papa – und doch erntest du wieder kein Lob, sondern wirst sogar noch kritisiert.

Das sind nur ein paar Beispiele, die ersichtlich machen können, dass du deine Kindheit unbewusst reinszenierst. Aber warum solltest du das tun, fragst du dich jetzt wahrscheinlich. Bisher bist du vermutlich davon ausgegangen, dass die Wiederholung schmerzhafter Ereignisse ein Zufall war oder aber, dass es einfach an dir als Mensch oder daran, dass du nicht gut genug bist, gelegen hat. Aber beides ist falsch!

Tatsächlich reinszeniert ein unbewusster Anteil in dir, um genau zu sein: dein inneres Kind, »mit Absicht« den Schmerz deiner Kindheit immer und immer wieder. Es scheint so, als wäre dieser immer gleiche Film, der mit Schmerz endet, sein Lieblingsfilm. Es handelt sich dabei um den Film deiner Kindheit, der unter anderem all die schmerzhaften Ablehnungen, Kränkungen und Enttäuschungen enthält. Und obwohl dem Kind in dir eine ganze TV-Thek mit wundervollen Filmen voller Happy Ends zur Verfügung steht, greift es immer wieder zum altbekannten Schmerzfilm.

Es leitet dich dadurch indirekt dazu an, diesen alten Film wieder und wieder nachzuerleben, was du, vereinnahmt von deinen alten Prägungen und Überzeugungen, auch tust. Aber warum tut dein inneres Kind das? Warum sitzt es jedes Mal wieder gebannt vor dem inneren Bildschirm und sieht dabei zu, wie du den Schmerz erneut erträgst? Ganz einfach:

Es hofft, genau wie ich damals beim »Titanic«-Film, dass die Geschichte dieses Mal anders endet und es endlich zum Happy End kommt.

Es braucht dieses Happy End, um heilen und wachsen zu können. Es ist seine einzige Chance, die Wunden von damals endlich zu schließen.

Noch mal zurück zum Anfang. Wie genau kommt es überhaupt dazu, dass sich der Film eines bestimmten Schmerzes in deinem Leben stetig wiederholt, obwohl du es nicht willst? Dafür gibt es drei mögliche Hauptgründe, die ich dir näherbringen möchte, da die Erkenntnis darüber hilft, endlich nicht mehr in dieselbe Falle zu tappen.

1. DIE SICH SELBST ERFÜLLENDE PROPHEZEIUNG DURCH GLAUBENSSÄTZE

Dazu fällt mir meine Freundin Veronika ein. Sie ist eine Expertin in puncto Schmerzwiederholung. Etwa alle sechs Monate verliebt sie sich neu und ist davon überzeugt, dass sie diesmal den Richtigen gefunden hat. Aber dann passiert Folgendes: Nach einer anfänglichen Hochphase, in der sie von ihrem Partner auf Händen getragen und liebevoll und mitfühlend

behandelt wurde, verliert er plötzlich das Interesse an ihr und lässt sie links liegen. Die Zweifel, die Veronika dann überkommen, sind jedes Mal dieselben: Er will mich nicht mehr, weil ich nicht gut genug bin. Nicht schlank genug. Nicht klug genug. Nicht erfolgreich genug. Nicht liebenswert genug.

Nun könnte man meinen, die Zweifel namens »Ich bin nicht gut genug« seien eine Folge der Ablehnung. Aber da ich Veronika schon etwas länger kenne, weiß ich es besser. Ihre Zweifel sind immer da. Der Satz »Ich bin nicht gut genug« ist einer ihrer stärksten Glaubenssätze, den sie aus ihrer frühen Kindheit davongetragen hat. Noch während die neue Liebe ihre Hochphase erlebt, vertraut sie mir an, dass sie Angst habe, nicht gut genug für ihren tollen Prinzen zu sein. Und genau nach diesem Glaubenssatz verhält sie sich dann auch. Sie fragt ihren Partner aus ihrer Unsicherheit heraus, nicht gut genug zu sein, täglich mehrfach, ob er sie noch liebt. Sie lobt ihn in die Höhe und macht ihm alles recht, um ihr scheinbares Manko zu kompensieren. Sie hängt sich ihm an den Rockzipfel, klammert und ist eifersüchtig, weil sie denkt, er könnte jeden Moment eine andere finden, die besser ist. Dass sie damit genau das bewirkt, was sie eigentlich nicht mehr möchte, nämlich Ablehnung, dessen wurde sie sich erst vor kurzer Zeit bewusst. Ihrem Partner wird das extrem unterwürfige und unsichere Verhalten sowie die Eifersucht zu viel.

Kurzum: Veronika tat lange Zeit das, was wir alle tun – wir streben unbewusst danach, unsere innere Wahrheit in Einklang mit der äußeren zu bringen. Veronikas innere Überzeugung lautete: »Ich bin nicht gut genug und deshalb werde ich abgelehnt.« Unbewusst handelt sie danach, um im Außen eine Bestätigung für ihre Überzeugung zu erhalten. Anders gesagt werden unsere stärksten Inneren-Kind-Überzeugungen zu einer selbsterfüllenden Prophezeiung. Sie führen dazu, dass wir genau den Schmerz, der zur negativen Überzeugung geführt hat, wieder und wieder erleben. Ein Teufelskreis, den du vielleicht kennst und den du mit diesem Buch beginnst zu unterbrechen.

2. WIR SUCHEN NACH DEM GEWOHNTEN

Ein weiterer Grund, warum wir denselben Schmerz wieder und wieder erleben, ist unsere Vorliebe für Gewohntes. Der Mensch sucht unbewusst immer nach dem, was er schon kennt, weil es ihm ein Gefühl von Sicherheit gibt. Leider ist das Gewohnte aber oft nicht das Beste für uns, vor allem, wenn es sich dabei um die Sucht nach Menschen handelt, die Ähnlichkeiten mit Menschen haben, die uns in der Vergangenheit gekränkt, verletzt, abgelehnt, klein gemacht, psychisch oder emotional misshandelt haben.

Bestimmt hast du schon einmal von dem Phänomen gehört, dass Frauen, die als Kinder misshandelt oder geschlagen wurden, im Erwachsenenalter besonders häufig an Partner geraten, die sie ebenfalls misshandeln. Ein Hauptgrund dafür ist die eben erwähnte Suche nach dem Gewohnten. Jeder von uns hält in einem gewissen Maß Ausschau nach Menschen, die Wesenszüge haben, mit denen sie der eigenen Mutter oder dem Vater ähneln. Erkennen wir bestimmte Züge im Gegenüber wieder, so fühlen wir uns in der Regel schneller sicher und geborgen. Natürlich geschieht das meist unbewusst und du bemerkst es erst viel später, wenn der alte Schmerz in deiner Beziehung plötzlich zur neuen Gewohnheit wurde. Denn logischerweise erleben wir mit Menschen, die unseren Eltern ähneln, auch ähnliche Dinge, die wir als Kind erlebt haben. Dann schreit dich der dominante Partner auf dieselbe Art und Weise an, wie es dein cholerischer Vater früher tat. Der zurückhaltende Partner übernimmt genauso wenig Verantwortung wie deine Mutter und es bleibt wieder alles an dir hängen. Der rechthaberische Partner lässt dich nie zu Wort kommen und zwingt dir genauso seine Meinung und seine Werte auf wie deine Großmutter, bei der du vielleicht aufgewachsen bist. Und so weiter.

So führt die Auswahl der Menschen, die du in dein Leben ziehst, häufig dazu, dass du deinen alten Schmerzfilm wieder und wieder erlebst. Aber keine Sorge, das bedeutet nicht, dass du alle, die einen Wesenszug deiner Eltern mitbringen, aus deinem Leben entlassen musst. Sie sind meist nur ein Symptom, aber nicht die Ursache für den Schmerz. Und viele tragen ja auch die schönen und wertvollen Merkmale deiner Eltern.

3. WIR STELLEN DIE LIEBE UNSERER ELTERN NACH

Die erste Liebesbeziehung, die wir alle in unserem Leben hatten, war die zu unseren Eltern. Deshalb passiert eine schmerzhafte Reinszenierung besonders häufig in der Liebe und Partnerschaft. Durch unsere Eltern haben wir gelernt, wie eine Liebesbeziehung zu sein hat. Dabei stellen wir entweder die Beziehung, die wir zu ihnen hatten, nach, indem wir Schutzstrategien anwenden wie »Mama alles recht machen und Papa niemals widersprechen, damit sie mich lieb haben«. Oder aber, wir stellen die Beziehung, die unsere Eltern zueinander hatten, nach. Oft wird uns Zweiteres erst während einer Beziehung bewusst und wir denken dann: »Mein Gegenüber ist wie mein Vater.« Oder: »Ich bin geworden wie meine Mutter.«

Zudem ist der Partner wie sonst kaum jemand in der Lage, unsere alten Wunden zu triggern. Das liegt zum einen daran, dass wir mit ihm auf eine gewisse Art und Weise die Beziehung zu den Eltern noch mal erleben, weswegen wir oft nicht rational aus unserem erwachsenen Ich, sondern unbewusst aus unserem inneren Kind heraus wahrnehmen, fühlen und agieren. Sollte dein Partner also dein Trigger Nr. 1 sein, ist das ganz normal. Es besteht in den meisten Fällen kein Grund, ihn deshalb zu verlassen, denn er ist in der Regel nur das Symptom, das dir dabei hilft, deine offenen Wunden zu finden, aber nicht die Ursache. Aber natürlich gibt es hier auch Ausnahmen. Zum Beispiel wenn du einen Partner ausgewählt hast, der genauso narzisstische Wesenszüge hat wie dein Vater damals. In diesem Fall kann dir die Innere-Kind-Befreiung helfen, dich zu lösen und dein Beuteschema von Grund auf zu erneuern.

4. DER HILFESCHREI DES INNEREN KINDES: BITTE MACH EIN HAPPY END DARAUS!

Wenn du dir nun dein kleines Ich vorstellst, dass vor seinem inneren Kino sitzt und gebannt auf den Bildschirm schaut, dann wirst du dabei eines ganz bestimmt merken: seine große Sehnsucht, endlich das Happy End zu erleben, auf das es schon so lange wartet. Naiv und voller freudiger Erwartung hofft es, dass es dieses Mal statt dem kalten Rücken oder der Ohrfeige eine Umarmung und liebevolle Worte erhält. Und genau das ist der Grund, warum dich dein inneres Kind immer wieder zu diesem Schmerz führt: Es braucht deine

Hilfe, um aus dem alten Schmerzfilm endlich einen Heilungsfilm zu machen. Es ist also an der Zeit, das Drehbuch umzuschreiben. Auch dazu kommen wir im Verlauf dieses Buches noch.

REINSZENIERST DU DEINE KINDHEIT?

Lass uns im nächsten Schritt erst mal herausfinden, wie sehr dich das Symptom Schmerzwiederholung betrifft. Bewerte hierzu wieder, inwiefern du dich von den folgenden Symptomen betroffen fühlst.

Ich erlebe immer wieder in derselben oder einer sehr ähnlichen Weise Schmerz, Enttäuschung, Kränkung, Ablehnung oder Misserfolg.

0______________________________________10

Ich habe festgestellt, dass ich innere Überzeugungen habe, die sich immer wieder bewahrheiten.
Zum Beispiel: »Ich bin nicht gut genug.« Resultat: Misserfolg oder Ablehnung.

0______________________________________10

Ich neige dazu, mir Partner oder Freunde zu suchen, die ähnliche Wesenszüge oder Umgangsweisen wie eines meiner Elternteile haben.
Zum Beispiel: Mein Partner ist genauso hilflos, wie meine Mutter damals war, und ich muss wieder die Verantwortung übernehmen.

0______________________________________10

Ich erlebe in meiner Partnerschaft oder generell in der Liebe immer wieder den Schmerz meiner Kindheit, den ich aus der Beziehung zu meinen Eltern kenne.

Zum Beispiel: Mein Partner hat genau wie mein Vater damals nie Zeit für mich oder es ist ihm alles andere wichtiger. Oder: Meine Partnerin ist oft kühl und abweisend, genau wie meine Mutter damals.

0____10

Wenn dein Wert bei einer der Fragen über 5 liegt, dann dürfte das folgende Healing to go sehr wichtig für dich sein.

HEALING TO GO: STOPP DIE SCHMERZWIEDERHOLUNG

Beantworte die folgenden Fragen schriftlich. Erkenntnisse sind wie Tankstellen auf deinem Weg zum Heilungsziel. Je mehr du bewusst erkennen kannst, desto mehr kannst du bewusst in Richtung Heilung steuern. Zudem können dir Fragen helfen, deine sogenannte Kernverletzung herauszufinden, deren Heilung dein Leben maßgeblich verändern wird.

Falls dir zu einer oder mehreren Fragen nichts einfällt, überspringe sie einfach. Nicht jede Frage passt zu jeder Situation. Vertraue dir selbst und dem Prozess!

- Welches Gefühl, das dich heute oft noch schmerzt, kennst du bereits aus deiner Kindheit?
- In welche Situationen gerätst du gefühlt immer und immer wieder? Wann warst du dieser Situation deiner Erinnerung nach zum ersten Mal ausgesetzt?
- Welche zwischenmenschlichen schmerzhaften Erfahrungen haben sich bei dir mehrmals auf ähnliche Weise wiederholt? Wann und wie fand die erste dieser Erfahrungen statt?

- Welche Enttäuschung, die du aus deiner Kindheit kennst, wiederholt sich in deinem Leben auch heute noch?
- Welches Problem aus deiner Kindheit begleitet dich noch heute?

Nun, wo du sicherlich ein paar wesentliche Erkenntnisse weiter bist, ist es wieder an der Zeit, dass du dich deinem inneren Kind zuwendest. Dieses Mal hast du ein Mantra mit im Gepäck. Das vielleicht kraftvollste, das dir je begegnen wird. Such dir bitte einen ruhigen Ort und dann nimm dir fünf bis zehn Minuten Zeit. Schließ deine Augen und visualisiere dein kleines Ich. Geh in deinem Tempo auf dein inneres Kind zu und sag ihm dann Folgendes:
»Hey, mein kleiner Schatz – ich weiß, du wünschst dir, dass der Film heute anders ausgeht. Ich wünsche es mir auch, aber dazu ist es wichtig, dass wir den alten Film loslassen. Und deshalb möchte ich dir nun etwas Wichtiges sagen.«
Sprich nun die folgende Mantras dreimal aus und sieh deinem inneren Kind dabei in die Augen.

- Ich sehe dich.
- Ich höre dich.
- Ich bin für dich da.
- Wir beide beenden jetzt das Wiederholen der Vergangenheit und werden frei!

Wiederhole diese Innere-Kind-Visualisierung inklusive Mantra täglich für sieben bis vierzehn Tage, damit die Botschaft bis in dein Unterbewusstsein vordringen kann.

Woran leidet dein inneres Kind?

Wenn wir barfuß durch die Wiese laufen und dabei in Brennnesseln treten, schwillt unsere Haut an, färbt sich rot, juckt und brennt. In diesem Fall wissen wir ganz genau, dass die Hautirritation eine Folge unseres Fehltritts in die Brennnesseln ist. Bei einer Wunde des inneren Kindes verhält es sich ähnlich. Schauen wir also, wo deine Wunden genau sind.

KERNVERLETZUNGEN DEINES KINDES IDENTIFIZIEREN

Ich habe nicht grundlos jedes Mal bitterlich geweint, wenn mein Partner mich im Streitgespräch allein zurückgelassen hat. Er hat nicht grundlos jedes Mal die Flucht ergriffen, wenn ein Konflikt gedroht hat. Niemand macht es ohne Grund allen anderen recht und vergisst dabei sich selbst und niemand arbeitet ohne Grund bis zum Umfallen, obwohl er eigentlich viel lieber einmal leben möchte. All das sind Symptome von Verletzungen, die wir uns vor langer Zeit zugezogen haben.

Der Unterschied im Vergleich zu den Brennnesseln ist, dass wir uns sehr oft nicht darüber bewusst sind, woher die Verletzung stammt, die zu unseren heutigen Symptomen geführt hat, da wir uns diese meist vor langer Zeit – nämlich in der Kindheit – zugezogen heben. Die Innere-Kind-Befreiung zielt darauf ab, dass wir uns genau dieser Wunden annehmen und sie liebevoll versorgen, damit sie endlich aufhören, tagtäglich zu brennen. Bevor wir das machen, gibt es jedoch noch eine schlechte und eine sehr gute Nachricht.

Die schlechte: Jeder von uns hört bis zu seinem achtzehnten Lebensjahr rund 180 000 negative Suggestionen. Das sind negative Sätze über uns selbst, wie beispielsweise Verurteilung, Kritik oder Zurechtweisung. Gerade Kinder werden in der Regel ja ständig zurechtgewiesen. Jede dieser 180 000 Suggestionen ist eine potenzielle Innere-Kind-Verletzung. Erschreckend, oder? Keiner von uns könnte derart viele Verletzungen jemals aufarbeiten. Daher kommt jetzt die gute Nachricht: Das müssen wir auch nicht. Die meisten Verletzungen, die wir in der Kindheit ertragen, sind wie Brennnesseln. Der Ausschlag, den sie verursachen, tut kurz weh, aber nach einiger Zeit verschwindet er einfach wieder, ohne bleibende Schäden zu hinterlassen. Und genauso ist das glücklicherweise auch bei den 180 000 Suggestionen und den vielen kleinen Verletzungen, die wir uns als Kind durch negative Erfahrungen zugezogen haben. Sie hinterlassen keine bleibenden Symptome. Das heißt, du musst keinesfalls alle Verletzungen, die du hast, heilen. Die Kunst besteht darin, dass du dich lediglich jener annimmst, die dich auch heute noch schmerzen, einschränken, kleinhalten oder triggern.

Du brauchst dich also nur jener Wunden annehmen, die auch heute noch brennen.

In den vorangegangenen Kapiteln hast du herausgefunden, an welchen Symptomen, wie beispielsweise den Schutzstrategien, du leidest. Am besten legst du dir deine Notizen dazu parat und fasst alle Symptome, die du mit einem Wert über 5 versehen hast, zusammen, bevor du weiterarbeitest.

In diesem Kapitel werden wir nun gemeinsam herausfinden, welche Erfahrungen dazu geführt haben, dass deine Verletzungen heute noch immer so schmerzhaft sind. Meist handelt es sich dabei nicht um ein einzelnes Erlebnis, sondern um sich wiederholende Dinge. Das heißt, wir suchen nicht nach der Nadel im Heuhaufen, sondern nach einem Copy-and-paste-Syndrom, das dich vermutlich deine ganze Kindheit und darüber hinaus begleitet hat. Es ist daher auch nicht weiter schlimm, wenn du dich nicht an deine frühe Kindheit erinnerst, da sich die schmerzhafte Erfahrung mit hoher Wahrscheinlichkeit auch über dein siebtes Lebensjahr hinaus wiederholt hat. Und für deine Heilung ist es vollkommen einerlei, ob du sie mit deinem zwölfjährigen oder fünfjährigen Ich durchführst.

Bei vielen Menschen stellt sich durch das Herunterbrechen heraus, dass es nicht sieben oder zwanzig Verletzungen gibt, sondern lediglich eine, zwei, drei oder vier sogenannte Kernverletzungen. Und genau auf die Suche nach diesen begeben wir uns nun.

Dafür reist du mental zurück zu Zeiten und an Orte, die wahrscheinlich mit schmerzhaften Erfahrungen verbunden sind. Bedenke jedoch, dass diese Reise zurück heute auf sicherem Terrain stattfindet. Neben den präzisen Anleitungen, die noch folgen werden, bekommst du auch einen kleinen Werkzeugkasten für deine Sicherheit mit. Und diesen sehen wir uns gemeinsam in folgendem Healing to go an.

HEALING TO GO: NOTFALLKOFFER

Beim Zurückerinnern des Kindheitsschmerzes kann es geschehen, dass dich starke Gefühle überkommen. Im Prinzip sind Gefühle und Tränen immer ein gutes Zeichen für die Aufarbeitung und Heilung. Aber wenn dich diese überfordern oder du sie auch nach einer Übung nicht mehr losbekommst, dann können diese Methoden helfen, deine Gefühle zu neutralisieren und dich zurück ins Hier und Jetzt zu holen.

1. Starke Gefühle neutralisieren

Nimm dir ein bis zwei Minuten Zeit. Schließe deine Augen und visualisiere die Kindheitssituation oder das Bild zu dem Gefühl, das dir gerade zu viel wird.

Friere das Bild nun in deiner Visualisierung ein. Mach vor deinem inneren Auge ein Standbild daraus, sodass es aussieht wie ein eingerahmtes Foto.
Zieh jetzt aus dem Bild die ganze Farbe heraus. Lass es verblassen und immer mehr verblassen. So lange, bis es nur noch ein ausgebleichtes Schwarz-Weiß-Bild ist.
Und jetzt schieb es von dir weg, immer weiter und weiter. Lass es ganz klein werden, bis es nur noch ein kleiner Punkt am Horizont ist und schließlich ganz verschwindet. Dein Gefühl sollte sich nach dieser Übung neutralisiert haben.

2. Erschaffe einen sicheren Ort

Diese Übung eignet sich als Notfallübung, ist aber auch darüber hinaus entstressend und tiefenwirksam. Am besten wendest du sie gleich an, um a) eine bereits erfahrene Ressource für Notfälle zu haben und b) Entspannung und Energie zu tanken. Die Methode kommt ursprünglich aus der Traumatherapie. Der Grundgedanke ist simpel: Wenn du dich unsicher oder überfordert fühlst, ziehst du dich an deinen sicheren Ort zuruck und tankst erst mal Kraft. Dazu musst du diesen sicheren Ort aber zunächst erschaffen. Nutze hierfür deine Vorstellungskraft:
Nimm dir zehn bis fünfzehn Minuten Zeit. Setze den folgenden Körperanker: Hand aufs Herz. Damit signalisierst du, dass du dein inneres Kind, das immer in dir weilt, bewusst an den sicheren Ort mitnimmst.
Halte den Körperanker und visualisiere nun einen sicheren Ort. Einen Platz, an dem du dich richtig wohl, geborgen und entspannt fühlst. Vielleicht eine Hütte am See, eine Decke vor dem Kamin, eine Hängematte am Strand, eine Wiese, eine Berghütte, eine Palme in einer Oase oder was auch immer dir ein Wohlgefühl gibt.

Wenn du dir den Ort ausgesucht hast, dann erschaffst du die Details. Frage dich dazu:

- Was sehe ich rund um mich?
- Was höre ich?
- Was rieche ich?
- Ist es warm oder kühl?
- Wie fühlt sich das Liegen, Sitzen Stehen an – weich, hart …?

Nun genieße deinen sicheren Ort für ein paar Minuten. Danach komm langsam wieder zurück ins Hier und Jetzt.
Wann immer du wieder an den sicheren Ort reisen möchtest, setzt du einfach den Körperanker und visualisierst deinen Ort. Je öfter du das machst, desto schneller und intensiver stellt sich das Gefühl von Sicherheit und Entspannung ein. Der Körperanker hilft dir dabei, dich rascher daran zu erinnern. Du kannst aber anstatt des Körperankers auch ein Passwort verwenden, das du dir selbst sagst und das dann die Tore zu deinem sicheren Ort öffnet. Da es ja ein sicherer Ort ist, gelangst du nur mit dem geheimen Anker oder dem Passwort dorthin.
Solltest du dich nach oder während einer Übung oder Visualisierung einmal gar nicht gut fühlen, so kannst du via Anker oder Passwort sofort aus dieser Gefühlssituation ausbrechen und dich an deinen sicheren Ort zurückziehen.

Noch einmal der Hinweis

Wenn du psychisch instabil bist und an den Folgen von Traumata leidest, empfiehlt sich immer die Aufarbeitung mit einem Psychotherapeuten.

SIEBEN HÄUFIGE VERLETZUNGEN DES INNEREN KINDES

Dieses Kapitel hilft dir dabei, deinen Kernverletzungen auf die Spur zu kommen. Ich möchte dir hier in groben Zügen die sieben Hauptarten von Inneren-Kind-Verletzungen vorstellen. Auch wenn natürlich jede Verletzung ganz individuell ist. Ziel ist es, dass du durch meine Darstellungen herausfindest, welche Verletzung bei dir am relevantesten ist. Dazu macht es Sinn, dass du eine Bewertung vornimmst, wie betroffen du dich von der jeweiligen Verletzung fühlst. Dazu gilt wieder Folgendes: 0 = »betrifft mich gar nicht«, 10 = »habe ich genau so erlebt, betrifft mich voll«. Eine Bewertung bei 5 oder höher deutet darauf hin, dass der Schmerz sehr tief ging und du womöglich noch heute darunter leidest. Notiere dir in diesen Fällen die Art der Verletzung, damit du später weiter damit arbeiten kannst.

Um nach der Erkenntnis deiner Kernverletzung gleich einen Schritt in Richtung Heilung zu tun, werde ich meine Worte

wieder an dein inneres Kind richten. Nach jeder Verletzung, von der du dich betroffen fühlst, hast du die Möglichkeit, dir mittels Text oder Audio eine Portion Reparenting zu holen.

1. VERNACHLÄSSIGUNG, VERLASSENWERDEN

Vernachlässigt oder verlassen zu werden, erregt immer ein Gefühl von Verlust. Im Kindesalter handelt es sich dabei oft um die Angst, einen Menschen zu verlieren, der unser Überleben sichert – physisch und emotional. Denn Zuneigung und Liebe sind kein Luxusgut, sondern für uns Menschen, insbesondere für Kinder, überlebenswichtig. Verlassen zu werden kann in uns Ängste, die ähnlich stark wie Todesängste sind, erwecken. Das liegt unter anderem daran, dass unser Gehirn noch immer ähnlich funktioniert wie in der Steinzeit. Wer damals von seinem Stamm verlassen wurde, hat in der harten, rauen Welt voller Unwetter und Säbelzahntiger meist nicht lange überlebt. Daher erfährt ein Kind, wenn es von seinen Eltern oder anderen wichtigen Bezugspersonen verlassen oder stark vernachlässigt wird, Ängste im höchsten Ausmaß.

Vernachlässigung ist übrigens nichts anderes als Verlassenwerden auf Raten.

Die wesentlichsten Bedürfnisse wie Schutz, Liebe und Anerkennung werden nicht erfüllt. Gerade bei Kleinkindern ist das ein enormes Problem, da ihr Bedürfnis nach Zuspruch und Zuneigung wesentlich höher ist als das eines Erwachsenen. Außerdem haben Kinder im Vergleich zu Erwachsenen kaum Werkzeuge, um ihre Gefühle zu regulieren oder sich ihre Bedürfnisse selbst zu erfüllen. Neben dem Schmerz der Ablehnung, der entsteht, wenn ein Kind vernachlässigt oder verlassen wird, kommt es zu Schlussfolgerungen, die in etwa so klingen können:

- »Wenn sich nicht einmal Mama/Papa/Oma um mich kümmert, dann liegt es daran, dass mit mir etwas nicht stimmt oder ich nicht wichtig bin.«
- »Wenn sich niemand um mich kümmern möchte, bedeutet das, ich bin nicht willkommen und bloß eine Last für andere.«
- »Wenn mich sogar meine Mama / mein Papa verlässt, dann liegt das daran, dass ich nicht wertvoll und wichtig bin.«
- »Niemand will mich.«
- »Mama/Papa/Oma haben mich verlassen, weil ich nicht gut genug bin.«
- »Es ist meine Schuld, dass Mama oder Papa uns verlassen hat.«

Häufige Situationen, die zur Vernachlässigung oder dem Gefühl, verlassen zu werden, führen können:

- Kinder unangemessen lange und ihrem Alter nicht entsprechend allein lassen oder sich selbst überlassen
- Kindern zu viel Verantwortung übertragen
- Scheidung, Trennung, ein Elternteil verlässt die Familie
- Eltern, die viel arbeiten oder im Dauerstress sind
- Wenig oder keine Quality time mit den Eltern
- Wenn Kinder zu oft fremdbetreut werden, oft auch, wenn sie bei Oma oder anderen Verwandten aufwachsen
- Depressive Eltern, die zwar körperlich, aber nicht emotional anwesend sind

- Kranke Eltern, die sich nicht ausreichend um ihre Kinder kümmern können
- Narzisstische Eltern, die ihre eigenen Bedürfnisse stets über die der Kinder stellen
- Unreife Eltern, die ihren Kindern Reife unterstellen und ihnen zu viel Verantwortung aufbürden
- Tod eines Elternteils oder einer wichtigen Bezugsperson

WURDEST DU VERNACHLÄSSIGT ODER VERLASSEN?

Wie stark fühlt sich dein inneres Kind vom Verlassen- oder Vernachlässigt-Werden betroffen?

0 ______________________________ 10

Liegt deine Bewertung bei 5 oder höher, so sind die folgenden Worte für dich.

DIESE WORTE SIND FÜR DEIN INNERES KIND: ALLEIN SEIN TAT WEH

Bevor du mit dem Lauschen (meine Empfehlung) oder Lesen beginnst, verbindest du dich durch die folgenden drei Schritte mit deinem inneren Kind.
Schließe deine Augen, leg deine Hand auf dein Herz und sage dir: »Ich verbinde mich nun mit meinem Inneren-Kind-Anteil.« Lass deine Hand fortwährend, solange du liest oder das Audio anhörst, auf deinem Herzen. Du stellst so einen mentalen Verbindungsanker her.

https:/honigperlen.at/allein-sein-tat-weh/

Und nun nimm meine Worte mit den Ohren, den Augen und dem Herzen deines inneren Kindes auf. Wenn die Übung zu Ende ist, nimm die Hand von deinem Herzen, atme tief durch, sage »Ich verbinde mich mit meinem erwachsenen Selbst« und öffne deine Augen.

Hallo, du kleiner Schatz

Ich weiß, es hat sehr wehgetan, dass du zurückgelassen oder vernachlässigt wurdest. Du warst ein kleines, unschuldiges Kind und wolltest nichts als Liebe und Aufmerksamkeit von den Menschen, die du am meisten geliebt hast. Aber oft konnten sie dir diese nicht geben. Und dadurch hast du begonnen zu glauben, du seist ihre Liebe oder ihre Aufmerksamkeit nicht wert. Du hast vielleicht geschlussfolgert: »Ich bin nicht wichtig genug.« »Ich bin nicht wertvoll genug.« Das tut mir sehr leid! Bitte glaube mir, du warst gut und richtig so, wie du warst. Es hat nicht an dir gelegen!

Richtig wäre es gewesen, wenn sich deine Eltern oder andere Bezugspersonen liebevoll um dich gekümmert hätten. Wenn sie eben nicht gegangen wären und dich alleingelassen hätten. Aber sei dir bitte bewusst, sie haben dich nicht alleingelassen oder vernachlässigt, weil du nicht liebenswert warst. Nein, sie taten es, weil sie es nicht besser konnten.

Vielleicht, weil sie nicht reif genug, vielleicht, weil sie krank waren. Vielleicht, weil sie selbst so viele alte Innere-Kind-Wunden und falsche negative Glaubenssätze hatten. Vielleicht auch aus Angst, aus Unwissenheit oder aus ihrem eigenen Schmerz heraus. Lass dir aber gesagt sein, egal, woran es lag, ob sie es unbewusst – wie es meist geschieht – oder bewusst getan haben, eines ist sicher: Es war nicht deine Schuld! Du hast dieses Gefühl nur, weil etwas falsch gelaufen ist. Und nicht, weil du falsch warst!

Die Vergangenheit und das, was falsch gelaufen ist, können wir nicht mehr ändern. Aber die Überzeugung, die du davongetragen hast, kannst du aufgeben.
Ich lege in diesem Moment meine Hand auf mein Herz und sage dir mit inbrünstiger Überzeugung:
Mit dir ist nichts falsch.
Du bist gut und richtig so, wie du bist.
Und genau das warst du schon immer. Vom ersten Tag an.
Es war niemals deine Schuld, denn du warst ein Kind mit einem ehrlichen und aufrichtigen Bedürfnis nach Liebe!
Ein absolut liebenswertes Kind.
Du hast alles richtig gemacht.
Du warst wundervoll. Und das bist du auch heute noch.

2. BEDINGTE LIEBE

Wenn ein Baby zur Welt kommt, ist es nicht »nützlich«. Es ist nicht fähig, etwas zu leisten. Es liegt in seiner Wiege, schläft, nuckelt, kackt und schreit. Und doch wird es in der Regel von seinen Eltern bedingungslos geliebt und umsorgt. Die Eltern stellen keine Forderungen an das kleine hilflose Wesen. Im Gegenteil, sie kümmern sich aufopfernd darum.

Eltern lieben meist bedingungslos.

Aber sobald das kleine Wesen heranwächst, sprechen, laufen und kommunizieren lernt, ändert sich das oft. Eltern oder auch andere Bezugspersonen beginnen, ihre Liebe in Form von Lob, Aufmerksamkeit oder Zuneigung an Bedingungen zu knüpfen. Sie sagen zum Beispiel: »Mama hat dich erst wieder lieb, wenn du dein Zimmer aufräumst.« »Wenn du in der nächsten Mathearbeit eine Eins schreibst, nehme ich mir

einen Tag frei und geh mit dir in den Tierpark.« »Sei schön lieb, höflich und brav, damit ich mich nicht für dich schämen muss.« »Sei ein gutes Kind und pass bitte auf deinen kleinen Bruder auf.« Je nach eigenen Prägungen knüpfen Eltern ihre Liebe und Anerkennung …

- an Leistung (wie Schulnoten oder sportliche Erfolge),
- daran, dass das Kind möglichst unkompliziert ist und wenig Arbeit macht,
- an Höflichkeit und die Erfüllung einer Idealvorstellung, wie ein Kind zu sein hat,
- an Vorzeigekriterien wie Aussehen, gute Noten oder Reife des Kindes oder
- an Hilfeleistungen, die zu ihrer eigenen Entlastung beitragen (häufig auf die kleinen Geschwister aufpassen, Mitarbeit im Haushalt).

Das Kind schlussfolgert daraus, je nach Bedingungsverhalten der Eltern, in etwa Folgendes:

- »Ich bin nur dann liebenswert, wenn ich es allen anderen recht mache.«
- »Ich bekomme nur dann Zuneigung, wenn ich lieb und unkompliziert bin und negative Gefühle verberge.«
- »Ich werde nur dann akzeptiert, wenn ich nicht widerspreche und keine Probleme mache.«

- »Ich muss die Erwartungen anderer erfüllen, um geliebt zu werden.«
- »Ich muss mich verbiegen und der Vorstellung anderer entsprechen, um gemocht zu werden.«
- »Ich werde nur dann anerkannt, wenn ich überdurchschnittliche Leistungen erbringe.«
- »Ich werde nur dann geachtet, wenn ich anderen helfe und meine eigenen Bedürfnisse zurückstelle.«
- »Ich werde nur dann geliebt, wenn ich hübsch bin oder bestimmten äußerlichen Kriterien entspreche.«
- »Um meiner selbst willen liebt mich niemand.«

WURDEST DU BEDINGT GELIEBT?

Wie stark fühlt sich dein inneres Kind von der Verletzung bedingte Liebe angesprochen? Wie stark trifft diese Art des Schmerzes auf dich zu?

0____10

Liegt deine Bewertung bei 5 oder höher, so sind die folgenden Worte für dich.

DIESE WORTE SIND FÜR DEIN INNERES KIND: BEDINGTE LIEBE

Bevor du mit dem Lauschen (meine Empfehlung) oder Lesen beginnst, verbindest du dich durch die folgenden drei Schritte mit deinem inneren Kind.
Schließe deine Augen, leg deine Hand auf dein Herz und sage dir: »Ich verbinde mich nun mit meinem Inneren-Kind-Anteil.« Lass deine Hand fortwährend, solange du liest oder das Audio anhörst, auf deinem Herzen. Du stellst so einen mentalen Verbindungsanker her.

Und nun nimm meine Worte mit den Ohren, den Augen und dem Herzen deines inneren Kindes auf. Wenn die Übung zu Ende ist, nimm die Hand von deinem Herzen, atme tief durch, sage »Ich verbinde mich mit meinem erwachsenen Selbst« und öffne deine Augen.

https:/honigperlen.at/
bedingte-liebe/

Hallo, du kleiner Schatz

Ich kann mir nur ausmalen, wie schwer es für dich gewesen sein muss, dass die Liebe deiner Eltern oder anderer wichtiger Bezugspersonen stets an Bedingungen geknüpft war. Denn es hat für dich bedeutet, dass du stets um Liebe kämpfen musstest. Schließlich war diese Liebe für dich damals wie Wasser für die Blumen – du brauchtest sie zum Überleben und zum Wachsen. Und genau diese Liebe hast du nur bekommen, wenn du Bedingungen erfüllt hast. Manchmal hast du vielleicht gedacht, ich muss mich verbiegen, denn so, wie ich bin, bin ich nicht richtig. Oder: Ich muss dieses oder jenes machen, denn um meiner selbst willen liebt mich niemand.
Dabei warst du vom ersten Tag an gut genug, richtig und liebenswert! Daran gab es niemals einen Zweifel. Mit dir war alles – wirklich alles – richtig. Du hattest es verdient, um deiner selbst willen geliebt zu werden, du warst ein wundervolles Kind. Richtig wäre gewesen, wenn deine Eltern nicht ihre

schmerzhaften Glaubenssätze als Erwartung auf dich übertragen hätten. Vermutlich haben sie selbst beigebracht bekommen, nur unter bestimmten Bedingungen liebenswert zu sein. Und genau diesen Unsinn haben sie auf dich übertragen.
Aber du, kleiner wertvoller Stern, kannst nichts dafür. Es hatte nie etwas mit dir zu tun, sondern nur mit ihren hinderlichen Überzeugungen. Stell dir vor, du hättest Eltern gehabt, die frei von altem Schmerz und Glaubenssätzen gewesen wären. In diesem Fall würdest du heute nicht glauben, dass du nur liebenswert bist, wenn du es allen recht machst, leistest oder dich verbiegst. Das ist der Beweis dafür, dass es nicht an dir lag.
Wir können die Vergangenheit und das, was falsch gelaufen ist, nicht mehr ändern. Aber die Überzeugung, die du davongetragen hast, kannst du hier und heute aufgeben.
Ich lege in diesem Moment meine Hand auf mein Herz und sage dir mit inbrünstiger Überzeugung:
Es lag nicht an dir. Du warst genau richtig so, wie du warst!
Du bist liebenswert, und zwar einfach nur deiner selbst wegen.
Du bist ein wundervolles Kind, das es verdient hat, aus tiefstem Herzen geliebt zu werden.
Du darfst jetzt aufhören, um Liebe zu kämpfen. Sie steht dir ganz natürlich zu!
Du verdienst bedingungslose Liebe, mein kleiner Stern!

3. NIEMALS GUT GENUG

Wenn ein Kind immer wieder durch Erfahrungen oder Worte, die an es gerichtet werden, schlussfolgert, dass es nicht gut genug ist, so entsteht rasch eine bleibende Wunde. Die begleitet uns dann bis ins Erwachsenenalter als sogenanntes Minderwertigkeitsgefühl. Dazu muss man verstehen, dass ein Kind in den ersten Lebensjahren eine komplett andere Wahrnehmung unserer Welt hat. Für den kleinen Zwerg dreht sich alles um Mama, Papa und eventuell noch andere wichtige Bezugspersonen. Es liebt seine Eltern bedingungslos, egal, welche Fehler sie machen. Und genau das wünscht es sich auch umgekehrt.

Wird ihm jedoch das Gefühl vermittelt, nicht gut genug zu sein, so schlussfolgert das Kind, dass es von den Eltern so, wie es ist, nicht geliebt wird. Dass die Eltern es so gar nicht haben wollen und sich ein anderes, ein besseres, klügeres oder hübscheres Kind wünschen. Es kommt einer vollkommenen Ablehnung der eigenen Person gleich. Schon beim Lesen der Schlussfolgerung spürst du wahrscheinlich den Schmerz, der dadurch entstehen kann. In den meisten Fällen ist es nicht die Absicht der Eltern, dem Kind dieses Gefühl zu geben. Und doch geschieht es häufig, beispielsweise …

- durch übermäßige Kritik und Maßregelung,
- durch wenig Zuspruch und Lob,
- durch hohe Erwartungen an das Kind,
- wenn das Kind permanent mit anderen, zum Beispiel mit Geschwistern, verglichen wird,
- durch Benachteiligung gegenüber Geschwisterkindern,
- durch wiederholt an das Kind gerichtete Sätze wie: »Du hast zwei linke Hände.«, »Dazu bist du nicht klug/gut genug.« oder »Aus dir wird nie etwas!« und
- wenn sich die Eltern häufig vom Kind enttäuscht zeigen.

Meist geben Eltern ihren Kindern nur ihre in der eigenen Kindheit erlernten hohen Ansprüche und eine ihres Erachtens »gesunde Härte« weiter. Gefangen in ihren destruktiven Mustern erkennen sie oft nicht, dass das Kind permanent versucht, ihnen zu beweisen, dass es gut genug ist. Die Schlussfolgerungen, die durch eine »Ich bin nicht gut genug«-Wunde entstehen, können wie folgt lauten:

- »Andere sind besser als ich.«
- »Ich bin nicht gut/klug/schön/liebenswert/wichtig/erfolgreich/schlank genug.«
- »Ich bin nichts wert.«
- »Andere können das, ich aber nicht.«
- »Ich bin eine Enttäuschung.«
- »Ich bin nicht richtig.«

WARST DU NIEMALS GUT GENUG?

Wie stark fühlt sich dein inneres Kind von der Verletzung, nicht zu genügen, angesprochen?

0____10

Liegt deine Bewertung bei 5 oder höher, so sind die folgenden Worte für dich.

DIESE WORTE SIND FÜR DEIN INNERES KIND: NIEMALS GUT GENUG

Bevor du mit dem Lauschen (meine Empfehlung) oder Lesen beginnst, verbindest du dich durch die folgenden drei Schritte mit deinem inneren Kind.

Schließe deine Augen, leg deine Hand auf dein Herz und sage dir: »Ich verbinde mich nun mit meinem Inneren-Kind-Anteil.«

Lass deine Hand fortwährend, solange du liest oder das Audio anhörst, auf deinem Herzen. Du stellst so einen mentalen Verbindungsanker her.

Und nun nimm meine Worte mit den Ohren, den Augen und dem Herzen deines inneren Kindes auf. Wenn die Übung zu

Ende ist, nimm die Hand von deinem Herzen, atme tief durch, sage »Ich verbinde mich mit meinem erwachsenen Selbst« und öffne deine Augen.

https:/honigperlen.at/das-gefuehl-nicht-gut-genug-zu-sein/

Hallo, du kleiner Schatz

Ich weiß, es ist ein Kampf – dieses Gefühl, nicht gut genug zu sein, das dich in deiner Kindheit viel zu oft begleitet hat. Egal, was und wie du es gemacht hast, es war nie genug. Die Enttäuschung in den Augen deiner Eltern war für dich wie tausend Messerstiche mitten in dein Kinderherz. Es tut mir sehr leid, dass du das so oft ertragen musstest. Ich möchte, dass du weißt, dass es nicht an dir lag und dass es niemals deine Schuld war.

Leider wachsen viele Menschen, so vielleicht auch deine Eltern, mit extremer Härte und sehr konkreten Vorstellungen, wie ein Kind zu sein hat, auf. Unreflektiert werden diese Ansprüche und oft überzogenen Erwartungen dann an die Kinder weitergegeben. In den meisten Fällen haben die Kinder solcher Eltern gar keine reale Chance, irgendwann einmal »gut genug« zu sein.

Es lag also nicht an dir – sondern an den begrenzten und beengten Vorstellungen deiner Eltern oder anderer Bezugspersonen. Es lag an ihren eigenen schmerzhaften Prägungen.

Womöglich waren sie aber zu anderen gnädiger und wertschätzender als zu dir. Vielleicht haben sie deine Freunde oder Geschwister gelobt, während sie dich kritisiert haben. Auch das war nicht deine Schuld. Es gibt viele unsinnige

Gründe, warum man seinen eigenen Schmerz nur auf bestimmte Menschen projiziert.
Egal, was damals geschah, glaube mir: Du warst ein liebenswertes Kind und hattest so wie jeder sowohl Stärken als auch Schwächen. Aber weil man den Fokus immer wieder auf deine Schwächen gelenkt hat, hast du begonnen zu glauben, sie würden deine Stärken überwiegen.
Lass uns diesen Unsinn beenden, denn ich weiß genau, dass du mehr als gut genug bist. Wir können die Vergangenheit und das, was falsch gelaufen ist, nicht mehr ändern. Aber die Überzeugung, die du davongetragen hast, kannst du hier und heute aufgeben.
Ich lege in diesem Moment meine Hand auf mein Herz und sage dir mit inbrünstiger Überzeugung:
Es lag nicht an dir. Du warst ein Kind – unschuldig und liebenswert. Und du warst vom ersten Moment deines Lebens an gut genug! Mehr als gut genug.
Und du verdienst es, für all das, was du bist, gesehen, geschätzt und geliebt zu werden.
Einfach, weil du gut bist, so wie du bist!

4. DIE VERLORENE KINDHEIT

Wenn du viel zu früh erwachsen werden musstest, wäre es möglich, dass du in deiner Kindheit einer sogenannten Parentifizierung ausgesetzt warst. Diese entsteht, wenn ein Kind in eine Erwachsenenrolle gedrängt wird, beispielsweise zu viel Verantwortung aufgebürdet bekommt, nicht altersgerechte Aufgaben übernehmen muss oder es in Erwachsenenthemen involviert wird. Dem Kind wird das Kindsein genommen. Es bekommt nicht den entsprechenden Rahmen, um seine kindlichen Bedürfnisse nach Sicherheit, Leichtigkeit, Sorglosigkeit und Spontanität zu leben.

Man unterscheidet zwischen der instrumentellen und der emotionalen Parentifizierung. Bei der instrumentellen muss das Kind nicht altersgerechte Handlungen ausführen. Dann muss eine Siebenjährige vielleicht fünf Stunden lang auf ihre dreijährige Schwester aufpassen. Ein Achtjähriger muss mehrmals wöchentlich für sich selbst kochen.

Bei der emotionalen Parentifizierung wird das Kind psychisch überlastet. Es wird zum Beispiel in Streitigkeiten der Eltern hineingezogen oder als Partnerersatz missbraucht, indem ihm nicht kindgerechte Themen anvertraut werden. Es passiert auch, wenn ein Elternteil krankheitsbedingt immer schwach ist und seine Verantwortung nicht wahrnehmen kann. Das Kind schlüpft in die Rolle des Starken – in die Elternrolle.

Parentifizierung gelingt nur aus einem einzigen Grund: Das Kind lässt es mit sich machen. Das Kind erfüllt die überfordernden Erwartungen der Eltern, weil es auf deren Liebe und Gunst angewiesen ist. Ein Kind würde so ziemlich alles für die Liebe seiner Eltern tun. Dadurch entsteht aber ein ständiger Erwartungsdruck, der im Kopf des Kindes ungefähr so klingen kann:

- »Ich muss das schaffen, damit Mama und Papa mich lieben.«
- »Mama hat gesagt, ich bin reif, daher muss ich mich so verhalten.«
- »Ich muss das machen, damit sie mich weiter loben.«
- »Ich muss dafür die Verantwortung übernehmen, auch wenn sie mir zu viel ist.«
- »Ich muss mich wie ein Erwachsener verhalten – Spielen, Freude und Leichtigkeit haben keinen Platz.«
- »Ich muss diese schwere Aufgabe meisten, um Mama und Papa ja nicht zu enttäuschen.«
- »Ich muss stark sein, weil Mama oder Papa schwach ist.«

HAST DU DEINE KINDHEIT VERLOREN?

Wie stark fühlt sich dein inneres Kind von Parentifizierung betroffen? Welchen Wert möchtest du hier nennen?

0____10

Liegt deine Bewertung bei 5 oder höher, so sind die folgenden Worte für dich.

DIESE WORTE SIND FÜR DEIN INNERES KIND: VERLORENE KINDHEIT

Bevor du mit dem Lauschen (meine Empfehlung) oder Lesen beginnst, verbindest du dich durch die folgenden drei Schritte mit deinem inneren Kind.

Schließe deine Augen, leg deine Hand auf dein Herz und sage dir: »Ich verbinde mich nun mit meinem Inneren-Kind-Anteil.« Lass deine Hand fortwährend, solange du liest oder das Audio anhörst, auf deinem Herzen. Du stellst so einen mentalen Verbindungsanker her.

Und nun nimm meine Worte mit den Ohren, den Augen und dem Herzen deines inneren Kindes auf. Wenn die Übung zu

Ende ist, nimm die Hand von deinem Herzen, atme tief durch, sage »Ich verbinde mich mit meinem erwachsenen Selbst« und öffne deine Augen.

https:/honigperlen.at/
die-verlorene-kindheit/

Hallo, du kleiner Schatz

Ich verstehe, dass das damals ganz schön viel für dich war. Viel zu oft musstest du stark, reif oder vernünftig sein. Du musstest emotional oder physisch die Rolle des Erwachsenen übernehmen, weil niemand anders da war, der es tat, oder man es von dir erwartet hat.

Ich möchte, dass du weißt, dass das nicht okay und nicht fair war. Du warst ein Kind und es war dein Recht, aufgefangen und umsorgt zu werden. Nicht du warst dafür zuständig, stark und reif zu sein, sondern andere!

Es ist beachtlich, wie du all das trotzdem geschafft und überstanden hast. Aber nun ist Schluss damit! Du darfst sie jetzt endlich loslassen – die Verantwortung, die viel zu schwer für dich war. Du darfst sie jenen zurückgeben, die damals zu krank, zu schwach oder zu unreif waren. Sie ist nicht mehr deine!

Du darfst dich schwach und verletzlich zeigen und bist und bleibst trotzdem ein liebenswertes Kind. Du darfst endlich loslassen und deine kindliche Leichtigkeit leben, wann immer sie sich zeigen will.

Wir können die Vergangenheit und das, was falsch gelaufen ist, nicht mehr ändern. Aber die Überzeugung, die du davongetragen hast, kannst du hier und heute aufgeben.

Ich lege in diesem Moment meine Hand auf mein Herz und sage dir mit inbrünstiger Überzeugung:

Du bist ein wundervolles Kind und hast viel getragen! Zu viel!
Du darfst es jetzt von deinen Schultern nehmen.
Du darfst dich öffnen, für Menschen und Räume, die dir Leichtigkeit und Sicherheit schenken.
Du musst dich nicht mehr beweisen: Du hast dich schon viel zu oft bewiesen. Du musst für niemanden mehr stark sein! Du musst niemanden mehr tragen.
Fortan darfst du dich immer öfter tragen lassen.
Denn du hast es verdient, liebevoll umsorgt zu werden!
Einfach, weil du gut und liebenswert bist, so wie du bist!

5. AUSGRENZUNG UND MOBBING

Nicht jede Innere-Kind-Verletzung findet im Elternhaus statt. Neben Großeltern, Pflegeeltern, Lehrern, Nannys oder Kindergärtnerinnen sind es oft auch die Geschwister oder Schulkameraden, die bleibende Wunden hinterlassen. Spätestens wenn wir in den Kindergarten oder in die Schule kommen, beginnen wir uns von unseren Eltern abzugrenzen. Dieser Prozess ist wichtig für unsere Entwicklung. Weil der Mensch aber seit jeher ein Rudelwesen ist, braucht es für jedes Stückchen Abgrenzung von den Eltern einen Ersatz: Freunde zum Beispiel. Wird ein Kind regelmäßig ausgegrenzt, entsteht eine erhebliche Verletzung, die seinen Selbstwert kränkt. Das Grundbedürfnis Zugehörigkeit wird nicht erfüllt.

Schon immer vereinen sich Menschen zu Gruppen. Wir alle brauchen soziale Interaktion – auch außerhalb der Familie. Freunde geben uns in der Regel das Gefühl, dass wir in Ordnung sind und dass es durchaus Gründe gibt, uns zu mögen. Sie können dadurch teilweise auch frühere negative Überzeugungen und Wunden heilen. Bei Ausgrenzung jedoch geschieht das Gegenteil. Ein Kind schlussfolgert in der Regel daraus Folgendes:

- »Mit mir stimmt etwas nicht.«
- »Niemand mag mich.«
- »Alle anderen sind richtig, nur ich bin falsch.«
- »Alle anderen sind gut genug, nur ich bin es nicht.«
- »Ich werde nie jemanden finden, der mich wirklich mag.«
- »Ich bin nicht/schön/klug/schlank/liebenswert genug, um dazuzugehören.«
- »Ich muss anders sein oder mich verbiegen, um dazuzugehören.«
- »Ich muss alles tun, was sie möchten, sonst bleibe ich allein.«
- »Um meiner selbst willen mag mich niemand.«

Ausgrenzung findet häufig in der Schule, in Cliquen oder Vereinen, aber auch zu Hause unter Geschwistern statt oder wenn die Familie ein Kind zum schwarzen Schaf macht. Kommt zur Ausgrenzung noch aktives Mobbing hinzu, verschärft sich die Innere-Kind-Verletzung erheblich. Neben der Isolation wird das Opfer häufig beschimpft, klein gemacht, ihm wird gedroht, es wird ignoriert oder sogar misshandelt.

KENNST DU MOBBING UND AUSGRENZUNG?

Wie stark warst du als Kind Ausgrenzung oder Mobbing ausgesetzt? Warst du vielleicht das schwarze Schaf der Familie?

0____10

Liegt deine Bewertung bei 5 oder höher, so sind die folgenden Worte für dich.

DIESE WORTE SIND FÜR DEIN INNERES KIND: AUSGRENZUNG UND MOBBING

Bevor du mit dem Lauschen (meine Empfehlung) oder Lesen beginnst, verbindest du dich durch die folgenden drei Schritte mit deinem inneren Kind.

Schließe deine Augen, leg deine Hand auf dein Herz und sage dir: »Ich verbinde mich nun mit meinem Inneren-Kind-Anteil.«

Lass deine Hand fortwährend, solange du liest oder das Audio anhörst, auf deinem Herzen. Du stellst so einen mentalen Verbindungsanker her.

Und nun nimm meine Worte mit den Ohren, den Augen und dem Herzen deines inneren Kindes auf. Wenn die Übung zu Ende ist, nimm die Hand von deinem Herzen, atme tief durch, sage »Ich verbinde mich mit meinem erwachsenen Selbst« und öffne deine Augen.

https:/honigperlen.at/ausgrenzung-und-mobbing/

Hallo, du kleiner Schatz
Ich weiß, deine Andersartigkeit hat dir als Kind ganz schön zu schaffen gemacht. Du hast dich so oft falsch und einsam gefühlt. Du hast dich danach gesehnt, endlich einmal dazuzugehören. Und vielleicht auch danach, ganz normal zu sein. Dabei warst du so ein herziges, wundervolles und liebenswertes Kind. Und es ist verdammt traurig, dass das niemand bemerkt hat, aufgrund der dummen Vorurteile, die andere manchmal haben.
Was sie dir angetan haben und wie sie mit dir umgegangen sind, war nicht in Ordnung! Im Gegensatz zu dir – denn du warst mehr als in Ordnung. Ja, du warst anders, aber genau genommen sind wir das alle! Und wenn ich eines gelernt habe, dann ist es, dass Menschen, die anders sind, diese Welt am meisten bereichern.
Bitte glaube mir: Deine Einzigartigkeit ist eine Stärke!
Wir können die Vergangenheit und das, was falsch gelaufen ist, nicht mehr ändern. Aber die Überzeugung, die du davongetragen hast, kannst du hier und heute aufgeben.
Ich lege in diesem Moment meine Hand auf mein Herz und sage dir mit inbrünstiger Überzeugung:
Mit dir war nichts falsch! Absolut gar nichts.
Du bist gut und richtig genau so, wie du bist.
Du bist ein wundervolles Kind mit einem Herzen aus Gold!
Du bist schlau, liebenswert und bezaubernd.
Bitte glaube mir: Deine Einzigartigkeit ist eine Stärke!

6. CHAOS UND INSTABILITÄT

Chaos und Instabilität in der Kindheit ist deshalb eine wesentliche Verletzung, weil dadurch das Grundbedürfnis nach Sicherheit unerfüllt blieb. Sie entstand vor allem dann, wenn man sich als Kind auf jene Menschen, denen man am meisten vertraut hat, in der Regel die Eltern, nicht verlassen konnte. Wenn man also in einem Haushalt aufgewachsen ist, in dem es wenig Struktur gab, immer wieder Unvorhersehbares geschah und keine sichere Atmosphäre vorhanden war. Das kann beispielsweise bedeuten, es gab …

- … einen Vater, der regelmäßig vergaß, dich vom Kindergarten abzuholen.
- … ein Elternteil, das einmal liebevoll und aufmerksam und dann wieder cholerisch und aufgebracht war und für dich somit unberechenbar.
- … einen Alltag ohne Struktur und viel Zeit, in der du dich allein beschäftigen musstest.
- … Geburtstagsfeste, die deine Eltern nicht für dich organisiert haben.
- … fehlende gemeinsame Mahlzeiten.
- … einen sprunghaften Elternteil, der häufig den Wohnort, die Partner, die Meinung oder die Jobs geändert hat.
- … fehlende Regeln fürs Zähneputzen, Hausaufgabenmachen und Co.
- … ständigen Stress, weil die Abläufe zu Hause nie vorhersehbar waren.
- … Unordnung, die niemanden zu stören schien.
- … Versprechen, die nicht gehalten wurden.

Ein instabiler Haushalt hat demnach folgende Hauptmerkmale: eine gewisse Unberechenbarkeit, fehlende Struktur und Regeln, die Kindern Sicherheit geben könnten, häufiger Vertrauensbruch. Insgesamt führt das oft dazu, dass kein Urvertrauen entstehen kann. Da Eltern für ihre Kinder die Welt sind, wird das Misstrauen ihnen gegenüber schon bald auf alle Menschen und Situationen übertragen. Auch eine gewisse Überängstlichkeit sowie ein Drang zu Perfektionismus kann sich durch das ständige Chaos schon in der Kindheit und weit darüber hinaus zeigen.

SIND CHAOS UND INSTABILITÄT DEINE BEGLEITER?

Wie betroffen fühlt sich dein inneres Kind von Instabilität und Chaos?

0 ____ 10

Liegt deine Bewertung bei 5 oder höher, so sind die folgenden Worte für dich.

DIESE WORTE SIND FÜR DEIN INNERES KIND: DAS CHAOS HAT EIN ENDE

Bevor du mit dem Lauschen (meine Empfehlung) oder Lesen beginnst, verbindest du dich durch die folgenden drei Schritte mit deinem inneren Kind.
Schließe deine Augen, leg deine Hand auf dein Herz und sage dir: »Ich verbinde mich nun mit meinem Inneren-Kind-Anteil.«
Lass deine Hand fortwährend, solange du liest oder das Audio anhörst, auf deinem Herzen. Du stellst so einen mentalen Verbindungsanker her.
Und nun nimm meine Worte mit den Ohren, den Augen und dem Herzen deines inneren Kindes auf. Wenn die Übung zu Ende ist, nimm die Hand von deinem Herzen, atme tief durch, sage »Ich verbinde mich mit meinem erwachsenen Selbst« und öffne deine Augen.

https:/honigperlen.at/
das-chaos-hat-ein-ende/

Hallo du kleiner Schatz

Du warst ein Kind, du hättest Struktur, feste Routinen, die dir Sicherheit geben, und vor allem Menschen, denen du bedingungslos vertrauen kannst, gebraucht. Stattdessen bist du im Chaos aufgewachsen und hast dich oft orientierungslos, verloren oder allein geführt. Das war bestimmt schwer für dich.

Du hast dein Bestes gegeben und doch hat es dich oft überfordert oder traurig gemacht. Das ist verständlich, denn du hättest ein liebevolles und strukturiertes Zuhause verdient. Du hättest ein Nest, das Sicherheit und Liebe schenkt, verdient. Du hättest eine sichere Kindheit verdient.

Aber sei dir bitte einer Sache bewusst: Nichts, was damals schieflief, lag in deiner Verantwortung. Du warst ein großartiges und liebenswertes Kind. Du hast alles richtig gemacht. Und trotzdem hat es sich oft falsch angefühlt, aber das war nicht deine Schuld. Vielleicht lag es daran, dass deine Eltern oder Bezugspersonen selbst im Chaos aufgewachsen sind. Daran, dass sie selbst niemals Sicherheit und Geborgenheit verspürt haben. Daran, dass sie einfach noch nicht reif genug waren. Aber niemals – in keinem einzigen Moment – lag es an dir!

Wir können die Vergangenheit und das, was falsch gelaufen ist, nicht mehr ändern. Aber die Überzeugungen, die du davongetragen hast, kannst du hier und heute aufgeben.

Ich lege in diesem Moment meine Hand auf mein Herz und sage dir mit inbrünstiger Überzeugung:

Es ist vorbei. Das Chaos hat ein Ende. Du bist jetzt sicher!

Du hast alles richtig gemacht! Mit dir war nichts falsch. Nur die Umstände waren falsch! Du hast es verdient, geliebt und umsorgt zu werden. Du hast es verdient, in deinen Bedürfnissen gesehen und unterstützt zu werden. Du hast es verdient, endlich sicher zu sein. Einfach, weil du zauberhaft und liebenswert bist, so wie du bist.

7. SCHULDGEFÜHLE

Viele von uns verspüren sie noch heute, die Schuld, etwas falsch gemacht zu haben oder generell als Mensch falsch zu sein. Eine solche Verletzung entsteht häufig, wenn wir als Kind in eine Verantwortung gezogen wurden, die nicht unsere war. Wenn wir der Sündenbock für die Fehler unserer Eltern, Lehrer oder anderer waren. Niemand trägt gern Schuld an etwas und so geschieht es leicht, dass die Schuld auf das schwächste Glied der Kette, auf das Kind geschoben wird. Insbesondere wenig reflektierte und unreife Eltern sagen diese oder ähnliche Dinge zu ihren Kindern und erzeugen damit Schuldgefühle:

- »Du machst immer alles falsch.«
- »Für dich muss man sich schämen.«
- »Du bist eine Schande.«
- »Du machst immer nur Probleme.«
- »Nur wegen dir ist heute alles schiefgelaufen.«
- »Womit habe ich so etwas wie dich nur verdient?«
- »Du machst mir das Leben schwer.«
- »Wenn du nicht so ein schlimmes Kind wärst, wären wir eine glückliche Familie.«
- »Kannst du nicht einmal etwas richtig machen!«

Durch solche Worte entstehen schnell tiefe Glaubenssatzwunden. Das Kind assoziiert:

- »Mit mir stimmt was nicht.«
- »Ich bin falsch.«
- »Ich bin an allem schuld.«
- »Ich mache immer nur Probleme.«
- »Ohne mich wären sie besser dran.«
- »Wenn etwas Negatives passiert, ist es meine Schuld.«

Fakt ist, dass ein Kind niemals die alleinige Schuld tragen kann, da Schuld immer mit Verantwortung einhergeht. Und diese tragen in der Regel die Erwachsenen – also die Eltern, Lehrer oder andere Betreuer.

Schuldgefühle werden aber nicht immer offensichtlich mit Worten vermittelt. Auch das Ignorieren oder Schweigen als Strafe, wenn ein Kind etwas falsch gemacht hat, kann enorme Scham- und Schuldemotionen freisetzen. Gelegentlich können außerdem Kinder betroffen sein, denen weder verbal noch nonverbal die Schuld zugeschoben wird. Zum Beispiel, wenn sich die Eltern häufig streiten oder gar trennen. Da ein Kind jegliche Handlung im Außen auf sich bezieht, ist es möglich, dass es aus den Konflikten der Eltern beispielsweise schlussfolgert, dass diese sich trennen, weil es nicht brav oder fleißig genug war. Es gibt also auch einen indirekten Schuldaufbau, der mit Konfliktsituationen der Eltern sowie der Interpretation des Kindes einhergeht.

SIND SCHULDGEFÜHLE DEINE BEGLEITER?

Wie betroffen fühlt sich dein inneres Kind von Schuldgefühlen?

0______________________________________10

Liegt deine Bewertung bei 5 oder höher, so sind die folgenden Worte für dich.

DIESE WORTE SIND FÜR DEIN INNERES KIND: SCHULDGEFÜHLE LOSLASSEN

Bevor du mit dem Lauschen (meine Empfehlung) oder Lesen beginnst, verbindest du dich durch die folgenden drei Schritte mit deinem inneren Kind.

Schließe deine Augen, leg deine Hand auf dein Herz und sage dir: »Ich verbinde mich nun mit meinem Inneren-Kind-Anteil.«
Lass deine Hand fortwährend, solange du liest oder das Audio anhörst, auf deinem Herzen. Du stellst so einen mentalen Verbindungsanker her.
Und nun nimm meine Worte mit den Ohren, den Augen und dem Herzen deines inneren Kindes auf. Wenn die Übung zu Ende ist, nimm die Hand von deinem Herzen, atme tief durch, sage »Ich verbinde mich mit meinem erwachsenen Selbst« und öffne deine Augen.

https:/honigperlen.at/schuld-loslassen/

Hallo, du kleiner Schatz

Viel zu lange hast du die Last der Schuld auf deinen kleinen Schultern getragen. Viel zu lange hast du dich schuldig gefühlt. Viel zu lange warst du diesem Schmerz, falsch zu sein, ausgesetzt. Das war bestimmt schrecklich für dich. Es tut mir von Herzen leid, dass du das ertragen musstest.
Bitte sei gewiss, dass nichts von dem, was damals geschah, in deiner Verantwortung lag, denn du warst das Kind und die Verantwortung liegt immer in den Händen der Erwachsenen. Egal, was sie dir vermittelt haben, es war ihre und nicht deine Verantwortung.

Mit dir war alles – wirklich alles – richtig. Du warst ein wunderbares, aufgewecktes und liebenswertes Kind. Fehler zu machen und auch einmal nicht brav zu sein, ist absolut normal. Du hast dich ganz wunderbar entwickelt, genau so, wie du hättest sollen. Deine Besonderheiten waren gut und richtig.
Wisse: Eltern, die ihren Kindern vermitteln, sie seien schuld an ihren Problemen, tun das in der Regel, weil ihre eigenen Schuldgefühle sie erdrücken und sie diese von sich abwenden möchten. Meist geschieht das unbewusst und gar nicht mit Absicht.
Vielleicht hast du deine Schuld aber auch selbst geschlussfolgert, aufgrund der Handlungen anderer. Ganz egal, woher dieses Gefühl der Scham und der Schuld kommt, glaube mir: Mit dir – du kleiner wertvoller Stern – hatte das nichts zu tun. Hättest du Eltern und Bezugspersonen gehabt, die ihre Verantwortung angenommen und dir klipp und klar gesagt hätten, dass mit dir alles richtig ist, so würdest du heute vermutlich nicht daran zweifeln. Und das ist der Beweis dafür, dass es niemals an dir lag. Dass du niemals schuld warst!
Wir können die Vergangenheit und das, was falsch gelaufen ist, nicht mehr ändern. Aber die Überzeugung, die du davongetragen hast, kannst du hier und heute aufgeben.
Ich lege in diesem Moment meine Hand auf mein Herz und sage dir mit inbrünstiger Überzeugung:
Diese Schuld, die dich viel zu lange begleitet, ist nicht deine. Du darfst sie jetzt loslassen!
Du darfst die Verantwortung an diejenigen zurückgeben, denen sie gehört.
Du darfst verstehen: Mit dir war nichts falsch! Du warst ein absolut liebenswertes Kind. Du bist kein Problem – sondern ein verdammt wertvolles Geschenk für diese Welt. Du verdienst Liebe – unendlich viel Liebe!

WENN DIE ELTERNLIEBE FEHLTE

Neulich wandte sich eine Teilnehmerin meines Inneren-Kind-Kurses an mich. Sie schilderte mir ihre Situation wie folgt: »Meine Mutter hat meine ganze Kindheit über ständig gearbeitet. Immer, wirklich immer, war ihr die Arbeit wichtiger als ich. Nun könnte man denken, es lag daran, dass sie die Familie ernähren musste. Aber das entspricht nicht den Tatsachen, denn meine Mutter war zwar alleinerziehend, hatte aber aufgrund meiner spendablen Großeltern diverse Immobilien, die sie vermietete. Wir wären allein mit den Mieteinnahmen locker über die Runden gekommen. Außerdem bestätigt sich der schmerzhafte Glaubenssatz meines inneren Kindes – ›Die Arbeit ist für Mama wichtiger als ich‹ – auch heute immer wieder. Erst neulich war ich eine Woche zu Besuch bei ihr. Sie ist längst in Pension und müsste nicht mehr arbeiten. Trotzdem tut sie es. Sogar während meines Besuches ging sie vier Tage ganz normal zur Arbeit. Für mich ist das der Beweis, dass sie die Arbeit mehr liebt als mich. Oder zumindest, dass ihr die Arbeit wichtiger ist.«

Als ich diese Nachricht von Silvia las, sah ich vor meinem inneren Auge direkt zwei kleine Kinder. Einmal die kleine Silvia, die wirklich denkt, dass ihre Mutter die Arbeit mehr liebt als sie. Und einmal Silvias Mutter als kleines Mädchen, das sich abrackert, weil es von ihren Eltern mitbekommen hat, dass nur arbeitende Menschen wertvoll sind. Mein Bauchgefühl sagte mir, dass das Verhalten von Silvias Mutter nichts mit der Liebe, die sie für ihre Tochter empfindet, zu tun hat, sondern lediglich mit dem, was sie von ihren Eltern über Liebe gelernt hat. Ihr inneres Kind kämpft also unbewusst mit dem Mechanismus – immer etwas zu leisten – um Liebe. Beide sind betroffen vom Gefühl, von den eigenen Eltern nicht genug geliebt zu werden. Oder zumindest nicht so, wie sie es brauchen würden.

Und damit sind sie nicht allein. Vielen von uns erging es so. Die gravierendste aller Inneren-Kind-Kernverletzungen ist das Gefühl, von den Eltern oder anderen wichtigen Bezugspersonen nicht geliebt zu werden. Und bei genauerer Betrachtung lässt sich jede einzelne der im letzten Kapitel beschriebenen Kernverletzungen darauf herunterbrechen.

Hinter jeder schmerzenden Wunde unserer Kindheit steckt enttäuschte Liebe!

Dabei ist es einerlei, ob es sich wirklich um die Abwesenheit von Liebe der Eltern handelt, was eher selten der Fall ist, oder nur um das Verhalten der Eltern, das dem Kind das Gefühl gibt, ihrer Liebe nicht wert zu sein. Der Schmerz ist derselbe! Obwohl die Perspektive, dass die Mutter oder der Vater aufgrund ihrer eigenen harten Erziehung und ihrer Glaubenssätze so handelten, durchaus Linderung verschaffen kann.

Womit wir zurück wären bei Silvias Nachricht an mich. Ich erklärte ihr damals, dass es möglich wäre, dass ihre Mutter sie sehr wohl liebt, dies aber durch ihre hartnäckigen Glaubenssätze, die ihr Handeln bestimmen, nur schwer zeigen könne. Das wiederum hat nichts mit Silvia, aber viel mit der Kindheit ihrer Mutter zu tun hat. Silvia und ihre Mutter sind ein Paradebeispiel dafür, wie der Schmerz mangelnder Liebe unbewusst von Generation zu Generation weitergegeben wird.

Viele denken, dass wir zwingend die schmerzhaften Überzeugungen unserer Eltern übernehmen, aber das stimmt nicht, wie du an Silvias Fall erkennen kannst. Silvia selbst hat nicht den Drang, zu leisten, um geliebt zu werden, entwickelt, obwohl ihr die Mutter diesen intensiv vorlebte. Sie entwickelte stattdessen das Gefühl, nicht wichtig für andere zu sein. »Immer ist etwas anderes wichtiger als ich« ist auch heute noch ein Satz, den sie oft frustriert ihrem Partner an den Kopf wirft.

SPRACHEN DER LIEBE

Der Grund für die verschiedenen schmerzhaften Überzeugungen zum Thema mangelnde Elternliebe findet sich woanders, nämlich in den Unterschieden unserer Liebessprachen. Aber ich spreche doch dieselbe Sprache wie meine Eltern, magst du jetzt vielleicht denken. Und ja, ihr könnt euch in derselben Sprache verständigen, aber trotzdem versteht ihr euch oft nicht, wenn es um die Liebe geht. Ihr redet vielleicht seit Jahren aneinander vorbei, ohne es zu bemerken. Jeder Mensch entwickelt nämlich seine eigene Liebessprache.

Laut dem Autor Gary Chapman gibt es fünf Liebessprachen. Eine davon ist zum Beispiel die Zweisamkeit oder gemeinsame Quality time. Silvia spricht genau diese Liebessprache. Sie fühlt sich also dann geliebt, wenn ihre Liebsten ihr Zeit und Aufmerksamkeit schenken. Silvias Mutter hingegen spricht diese Sprache eher weniger, dafür spricht sie die Sprache der Hilfsbereitschaft. Wann immer sie kann, hilft sie anderen Menschen. So auch in der Woche, als Silvia zu Besuch war. Ihre Freundin brauchte damals Unterstützung in ihrem kleinen Tante-Emma-Laden und, schwups, sprang sie ein. Und auch sie selbst fühlt sich immer dann besonders geliebt, wenn ihr jemand hilft – ihr zum Beispiel anbietet, sie zum Bahnhof zu fahren, oder ein Paket für sie zur Post bringt.

Während Silvia immer gemeinsame Zeit von ihrer Mutter wollte, war diese damit beschäftigt, zu helfen. Natürlich versuchte sie auch Silvia ständig zu helfen, indem sie zum Beispiel mit ihr für Schularbeiten lernte oder ihr Jugendzimmer liebevoll renovierte. Aber all das verstand Silvia nicht als Liebe! Sie wollte Zeit. Zeit ist Liebe, sagte ihre innere Wahrheit.

Und ihre Mutter wollte das nicht einmal verstehen, als sie es ihr viele Jahre später an den Kopf warf. Sie sagte: »Du hattest nie Zeit für mich. Immer warst du bei der Arbeit.« Silvias Mutter konterte: »Was?! Ich habe doch alles für dich getan. Ich hab mir den Hintern aufgerissen und dir immer bei allem geholfen, egal, ob in der Schule, beim Umzug, bei den Problemen mit deinem Ex oder dem Arbeitgeber, der dich damals über den Tisch ziehen wollte.«

Wie du siehst, spielt die Liebessprache bei der größten aller Kernverletzungen – nämlich der mangelnden Liebe durch die Eltern – eine große Rolle. Deshalb lass uns jetzt erst mal herausfinden, welche Liebessprache du sprichst, und im Anschluss schauen wir uns an, wie dir diese Erkenntnis auf deinem Weg der Heilung wieder einen Schritt weiterhilft.

SECHS LIEBESSPRACHEN – DER TEST

Anders als der Autor Gary Chapman habe ich die Liebessprachen in sechs (statt nur fünf) Unterarten aufgeteilt. Meist sprechen wir ein bis zwei Liebessprachen sehr intensiv und die anderen mittel bis wenig. Man könnte also sagen, wir haben ein bis zwei Muttersprachen. Diese erkennen wir daran, dass wir in ihrer Sprache Liebe zeigen und Liebe empfangen. Die folgenden Fragen können dir beim Eruieren deiner Liebessprache helfen. Wo findest du dich am ehesten wieder?

Wie und wodurch zeigst du deinen Liebsten am ehesten, dass du sie liebst? Welche der folgenden Sätze könnten von dir sein?

- Ich bin immer für sie da, versorge sie, wenn sie krank sind, decke sie zu, wenn sie frieren, bekoche sie oder erledige Dinge, die ihnen eine Last sind. Liebessprache: Hilfsbereitschaft.
- Ich verbringe gern aktiv Zeit mit ihnen, Ausflüge, Urlaube, Sport, Spaziergänge, Spiele, Tanzen, Kino und so weiter. Liebessprache: Gemeinsame Zeit.
- Ich höre ihnen gut zu. Ich interessiere mich ehrlich und aufrichtig für alles, was sie beschäftigt, und tausche mich gern mit ihnen aus. Liebessprache: Zweisamkeit und tiefe Gespräche.
- Ich nehme sie in den Arm, streichle, berühre oder küsse sie. Liebessprache: Zärtlichkeit.
- Ich beschenke sie von Herzen gern und überlege mir dabei genau, was ihnen wirklich Freude macht. Liebessprache: Geschenke.
- Ich würdige sie, in dem ich ihnen sage, was ich an ihnen mag und schätze und wofür ich dankbar bin. Liebessprache: Worte der Anerkennung.

Nun hast du eine Idee bekommen, welche Muttersprache der Liebe du am besten sprichst. Bisher bist du vielleicht davon ausgegangen, dass jeder deine Muttersprache spricht. So hast du dann eventuell nicht bemerkt, dass dein Partner, der ständig deine körperliche Nähe möchte, damit sagen will, dass er dich über alles liebt. Du nämlich dachtest eventuell, jeder würde Liebe auf deine Art und Weise zeigen, nämlich zum Beispiel, indem man dem anderen möglichst viel gemeinsame Zeit schenkt. Öffne an dieser Stelle dein Mindset und versuche auch jene Liebessprachen, die nicht deine Muttersprache sind, mehr anzuerkennen, wenn sie dir entgegengebracht werden.

UNSERE KINDHEIT PRÄGT UNSERE LIEBESSPRACHE

Nun aber zurück zu deinem inneren Kind und der größten Kernverletzung: mangelnde Liebe durch die Eltern. Mit hoher Wahrscheinlichkeit haben dich deine Eltern sehr geliebt. (Natürlich gibt es leider Ausnahmen.) Und der Grund, warum diese Liebe nicht bei dir angekommen ist, sind nicht nur ihre eigenen Verletzungen und begrenzten Glaubenssätze, die zu Fehlverhalten geführt haben, sondern womöglich auch ihre differente Liebessprache. Sie konnten dir nicht das Gefühl, geliebt zu werden, geben, weil sie deine Liebes-Muttersprache nicht beherrschten.

Damit das noch klarer wird, greife ich auf meine eigene Erfahrung zurück. Mein mittlerweile siebzigjähriger Papa hat ein Herz aus Gold. Aufgrund seiner eigenen schweren Kindheit hat er nie wirklich eine Liebessprache zu spüren bekommen. Es ist in ärmlichen Verhältnissen aufgewachsen und das Leben in der Großfamilie war hart. Oft gab es nicht genug zu essen auf dem Tisch und neue Schuhe oder ein wärmender Wintermantel waren schon gar nicht drin. Aus diesem extremen Mangel und der Sehnsucht nach der Erfüllung seiner Grundbedürfnisse entwickelte mein Papa mit der Zeit seine Liebessprache. Er schwor sich, all den Menschen, die er liebt, ein besseres Leben zu schenken. Er schwor sich, ihnen all das zu geben, was er niemals bekommen hatte. Geburtstagsüberraschungen, schöne Urlaube, reichlich Essen und vieles mehr. Mein Papa entwickelte die Liebessprache: Geschenke und Großzügigkeit. Noch heute ist er der großzügigste Mensch, den ich kenne. Leider lernte ich erst spät seine Liebessprache zu verstehen und spürte daher seine Liebe als Kind oft nicht, weil meine Liebessprache eine andere war – nämlich die der Zweisamkeit und der verbindenden Gespräche. Erst das Verstehen seiner Geschichte ließ mich immer mehr erkennen, wie sehr er mich liebt.

Aber was sagt die Geschichte über meinen Papa noch aus? Sie erklärt, wie unsere Liebessprache entsteht, und deutet auf eine große Kernverletzung unseres inneren Kindes hin. Nämlich auf die Art der Liebe, die uns als Kind am meisten gefehlt hat. Häufig sprechen wir genau die Liebessprache, die unsere Eltern nicht erfüllen konnten. Aus dem heraus entwickelten wir eine tiefe Sehnsucht, die auch heute noch besteht. Lass uns dazu ein Erkenntnis-Healing-to-go machen.

HEALING TO GO: DEN SCHMERZ DER UNERFÜLLTEN LIEBESSPRACHE HEILEN

Beantworte für die notwendigen Erkenntnisse zu deiner Liebessprache und deiner Kindheitswunde folgende Fragen, so gut es dir möglich ist.

Welche Art der Liebe hast du als Kind am meisten vermisst? Zum Beispiel Fürsorge = Liebessprache Hilfsbereitschaft; intensiver Austausch = Liebessprache Zweisamkeit und tiefe Gespräche; geteilte Erlebnisse = Liebessprache gemeinsame Zeit; erfreut oder überrascht werden = Liebessprache Geschenke; körperliche Nähe und Streicheleinheiten = Liebessprache Zärtlichkeit; Lob und Wertschätzung = Liebessprache Worte der Anerkennung. Und: Welche Art der Liebe vermisst du auch noch heute am meisten?

Erkennst du eine Parallele zwischen der Art der Liebe, die du heute am meisten vermisst, und der, die du als Kind am meisten vermisst hast? Falls ja, ist das eine wesentliche Erkenntnis. Du hast eine stark ausgeprägte Liebessprache entwickelt, weil dir eine bestimmte Art der Liebe als Kind gefehlt hat. Ein wesentlicher Schritt deiner Inneren-Kind-Heilung ist es daher, dir diese Art der Liebe heute zu schenken. Dafür gibt es zwei Möglichkeiten, die du beide ausschöpfen solltest:

1. Bitte andere um die Erfüllung deiner Bedürfnisse in deiner Liebessprache

Sprich mit den Menschen, die du liebst und die dich lieben – allen voran deinem Partner, aber auch gern mit guten Freunden –, über das Thema Liebessprachen. Versuche herauszufinden, welche Liebessprache er/sie und welche du sprichst. Durch das Wissen könnt ihr euch ganz bewusst immer wieder Geschenke in der richtigen Liebessprache machen. Natürlich ist das anfangs schwer, wenn beispielsweise die Liebessprache deines Partners Lob und Anerkennung ist, aber deine eine ganz andere. Wahrscheinlich musst du dann erst ein bisschen üben, bis dir das Lob öfter über die Lippen kommt. Aber es hilft euch beiden, denn fühlt sich der andere geliebt und anerkannt, fällt es ihm auch leichter, dir Geschenke in deiner Liebessprache zukommen zu lassen.

2. Mach dir selbst Geschenke in deiner Liebessprache

Ja, auch du selbst kannst für die Erfüllung deiner Liebesbedürfnisse sorgen. Jetzt, wo du deine Liebessprache kennst, kannst du dir überlegen, was du tun kannst, um dir selbst bewusst Zuneigung zu schenken. Hierzu einige Ideen:

- **Worte der Anerkennung und Liebe.** Frag dich: Wofür hast du Lob und Komplimente verdient? Was hast du in letzter Zeit alles gut gemacht? Was magst du an dir? Notiere deine Antworten in einem Lobbrief, den du dir selbst via E-Mail oder sogar per Post sendest. Das kannst du einmalig oder noch besser ein bis zwei Mal pro Monat tun.
- **Zweisamkeit und tiefe Gespräche.** Nimm dir bewusst Zeit für dich und forciere ein tiefgründiges Gespräch mit dir selbst. Lausche deinen Gedanken und frag interessiert nach, so wie es auch eine Freundin tun würde. Die folgenden Fragen helfen dir dabei. Notiere die Antworten am besten schriftlich:
  - Na, wie geht es mir gerade?
  - Was beschäftigt mich zurzeit am meisten?
  - Was fehlt mir? Was wünsche ich mir?
  - Was brauche ich jetzt?
  - Was kann ich tun, damit es mir besser geht?
- **Gemeinsame Zeit.** Unternimm bewusst Dinge mit dir alleine. Lade dich ins Kino ein, besuche einen Flohmarkt, nimm ein Buch und setz dich gemütlich ins Café, geh auf

ein Konzert, mach ein romantisches Picknick mit dir selbst im Park usw.

- **Geschenke, die von Herzen kommen.** Beschenke dich einfach öfter selbst. Aber bitte mit Liebe. Kauf dir deine Lieblingsblumen oder das Buch, das du dir schon so lange wünschst. Und dann mach dir einen Spaß daraus und verpacke es liebevoll. Zum Schluss besorge noch eine Grußkarte und schreib dir selbst eine wundervolle Nachricht, in etwa so: »Das ist für dich, mein Schatz – weil du es verdienst!«
- **Hilfsbereitschaft.** Hilf dir selbst! Im Prinzip tust du das schon allein dadurch, dass du dieses Buch liest. Da du aber generell das Helfergen in dir trägst, kannst du es dafür nutzen, um für Menschen, die besonders dankbar sind, etwas Gutes zu tun. In diesem Fall bekommst du nämlich viele positive Emotionen zurück – und das tut gut! Hierzu ein paar Ideen: Besuche Senioren im Altersheim, unterstütze eine ehrenamtliche Organisation, biete deiner achtzigjährigen Nachbarin oder einem gebrechlichen Bekannten deine Hilfe beim Einkaufen an, setz dich für die Kinderkrebshilfe ein, zaubere ein leckeres Essen und gib der Bettlerin an der nächsten Straßenecke oder anderen Bedürftigen etwas davon ab …
- **Zärtlichkeit.** Ja, du kannst dir auch selbst Zärtlichkeit schenken. Hierzu ein paar Ideen: Streichle dir über den Tag verteilt öfter einmal liebevoll über deine Wangen. Umarme dich vor dem Einschlafen selbst. Kauf dir eine duftende Bodylotion und creme deinen Körper genüsslich ein oder massiere deinen verspannten Nacken.

DURCHBRICH DIE GLAUBENSSÄTZE DEINER KINDHEIT

Ich habe sie schon ein paarmal erwähnt, die negativen Glaubenssätze. Jene Sätze, die unser Leben dominieren und denen wir scheinbar ausgeliefert sind. Es heißt nicht umsonst:

Unser Leben ist ein Abbild unserer inneren Überzeugungen.

Womöglich klingen diese Worte für dich übertrieben. Das sind sie aber leider nicht. Die Wirkung von negativen Glaubenssätzen auf unser Leben lässt sich gut mit einem Greifautomaten, den man oft auf dem Jahrmarkt findet, vergleichen. Einer dieser Glaskästen, die meist mit Stofftieren gefüllt sind. Wirft man eine Münze ein, hat man die Chance, durch die Steuerung der darüber hängenden Greifarme eines davon herauszufischen. Was einfach klingt, ist in der Regel verdammt schwer. Ich habe es mit meinem Neffen vor einiger Zeit im Wiener Prater zigmal probiert. Erst beim x-ten Versuch wurde mir bewusst, dass der Automat wohl so programmiert ist, dass der Greifarm das Stofftier in 95 Prozent aller Fälle wieder fallenlässt, noch bevor man es in die Ausgabebox befördern kann. Egal, wie sehr wir uns bemühten, wir hatten gar keine reale Chance auf den Gewinn.

Und das passt in gewisser Weise auch auf unser Leben und die Glaubenssätze. Glaubenssätze wirken wie die Programmierung des Greifautomaten. Bist du zum Beispiel auf den Glaubenssatz »Ich habe nichts Besseres verdient« programmiert, so kannst du dich noch so sehr anstrengen und es dir noch so sehr wünschen, etwas Besseres zu bekommen, es wird nicht gelingen. Dein Denken, deine Handlungen, deine Gefühle, deine Ausstrahlung und deine Wahrnehmung folgen nicht deinem Willen, sondern deiner inneren Programmierung – also deinem Glaubenssatz.

Warum? Dein Wille geschieht bewusst und es ist, wie in der Einleitung des Buches bereits erläutert, unmöglich, den ganzen Tag bewusst zu denken. Die Mehrheit der täglichen Denkzeit wird von unserem Unterbewusstsein geleitet und dieses folgt immer der Programmierung. Überspitzt gesagt werden wir, ähnlich wie der Greifautomat, zu Robotern und führen einfach das aus, was die innere Programmierung befiehlt.

Aber stopp! Warum behandeln mich andere dann auch so, als hätte ich nichts Besseres verdient oder als wäre ich nicht gut genug, wenn es doch nur eine Fehlprogrammierung in mir ist? Auch dafür gibt es eine logische Erklärung. Deine durch die Glaubenssätze beeinflussten Worte, Gesten, Handlungen und deine Ausstrahlung wirken auch auf dein Umfeld. Auf einer unbewussten Ebene nehmen sie deine Glaubenssätze wahr und leisten diesen ebenso oft Folge. Außerdem verzerren deine inneren Überzeugungen auch deine Wahrnehmung. Wenn du denkst, »Ich habe nichts Besseres verdient«, suchst du unbewusst im Außen immer nach einer Bestätigung dieses Satzes. Du fokussierst dich also auf all das Schlechte, was du bekommst, und nicht auf das, was gut ist und dir zeigt, dass du sehr wohl Besseres verdient hast.

Es ist also unumgänglich für deine emotionale Freiheit, dass wir uns um die Glaubenssatz-Programmierungen, die zu 90 Prozent aus deiner Kindheit stammen, kümmern. Sie aufzubrechen ist ein Kernbestandteil der Inneren-Kind-Arbeit. Ziel ist es, die sabotierenden Glaubenssätze zu identifizieren und sie dann durch neue und bestärkende Sätze – auch Affirmationen genannt – zu ersetzen. Die einfachste Technik ist es, einfach ein paar positive Affirmationen über den negativen Glaubenssatz zu legen. Aus Erfahrung weiß ich aber, dass das bei hartnäckigen Themen nur die halbe Miete ist. Es ist in etwa so, als würdest du über eine vom Schimmel befallene Wand eine weiße Farbe streichen. Für ein paar Tage, Wochen oder sogar Monate sieht der Raum neu und toll aus, aber dann bahnt sich der Schimmel wieder seinen Weg an die Oberfläche. Dein Kindheitsschmerz knallt zurück in dein Leben.

Wesentlich effizienter ist es, den Schimmel runterzuklopfen oder gleich die ganze Wand einzureißen. Übertragen auf unsere negativen Glaubenssätze bedeutet das, wir müssen sie brechen. Das erreichen wir, indem wir Zweifel säen und beginnen, sie infrage zu stellen, bis wir schließlich auf rationaler Ebene feststellen, dass der Aussage des Glaubenssatzes grundlegende Beweise fehlen. Dass ihre Aussage also nicht der absoluten Wahrheit entspricht, sondern genauso völliger Unsinn sein könnte. Bevor ich dir hierzu zwei bewährte Mentaltools zur Verfügung stelle, gilt es natürlich erst einmal herauszufinden, welche Glaubenssätze aus deiner Kindheit dich auch heute noch sabotieren und schmerzen. Dazu habe ich dir eine Liste mit den klassischen Glaubenssätzen unseres verletzten inneren Kindes vorbereitet. Daran kannst du prüfen, welche Sätze deine Widersacher sind, ohne dass du es bisher so genau bemerkt hättest.

WELCHE SÄTZE SIND IN DEINEM INNEREN WAHR?

Nimm dir am besten gleich jetzt die Zeit und lies die folgenden Sätze in Ruhe. Fühl dabei tief in dich hinein: Welcher Glaubenssatz spiegelt deine innere Überzeugung wieder? Bei welchem fühlst du Übereinstimmung? Markiere diesen oder diese Glaubenssätze und nimm die Bewertung ihrer Stärke vor. 0 heißt dabei: »Das trifft überhaupt nicht auf das zu, was ich glaube.« 10 heißt: »Ich stimme zu 100 Prozent überein mit diesem Glauben.

»Ich bin nicht gut genug.«

0__________________________________10

»Ich bin nicht wichtig.«

0__________________________________10

»Ich mache immer nur Probleme.«

0__________________________________10

»Ich bin nichts wert.«

0__________________________________10

»Niemand liebt mich wirklich.«

0__________________________________10

»Ich darf keine Fehler machen.«

0____10

»Nur, wenn ich etwas leiste, werde ich geliebt.«

0____10

»Ich bin eine Last.«

0____10

»Um meiner selbst willen liebt mich niemand.«

0____10

»Ich muss alles allein schaffen.«

0____10

»Ich bin nicht schön genug.«

0____10

»Ich bin nicht klug genug.«

0____10

»Ich bin nicht liebenswert.«

0____10

»Es ist alles meine Schuld.«

0 ______________________________ 10

»Ich muss perfekt sein.«

0 ______________________________ 10

»Ich habe nichts Besseres verdient.«

0 ______________________________ 10

»Ich schaff das nicht.«

0 ______________________________ 10

»Aus mir wird nie etwas.«

0 ______________________________ 10

»Alle anderen sind besser als ich.«

0 ______________________________ 10

»Niemand will mich.«

0 ______________________________ 10

EIN SATZ IST (MEIST) ZENTRAL

Vielleicht hast du in der Übung nicht nur einen, sondern einige Glaubenssätze mit einer höheren Zahl bewertet und denkst nun insgeheim so etwas wie »Oje, ich bin ein Wrack.« Aber keine Sorge, ich kann dich beruhigen, so geht es vielen. Fakt ist, häufig befruchtet ein Glaubenssatz den anderen. Du kannst es dir so vorstellen wie einen Baum, der viele Äste hat. Jeder negative Glaubenssatz deiner Kindheit ist ein Ast. Aber es ist nicht zwingend notwendig, dich um jeden einzeln zu kümmern, denn sie gehören zum selben Baum. Und wenn du den Stamm fällst, dann löst du dich dadurch auch von allen Ästen.

Aber welcher ist dein Stammglaubenssatz? Meist ist es der, der dich am schwersten belastet, der allein schon beim Lesen schmerzt und der offensichtlich dein Leben sabotiert. Deine Bewertung hilft dir, ihn zu finden. Arbeite vorerst nur mit deinem am höchsten bewerteten Glaubenssatz. Du kannst die Übungen, die ich dir gleich im Healing to go mitgeben werde, anschließend natürlich noch mit weiteren Sätzen durchführen.

HEALING TO GO: REFRAME DEINE GLAUBENSSÄTZE

Beim sogenannten Reframing entziehen wir deinem Glaubenssatz die Kraft, indem wir ihn aus einer neuen Perspektive betrachten. Bisher war er deshalb so kraftvoll, weil du ihm Glauben geschenkt hast. Er war die einzige Wahrheit, nach der du gelebt hast. Das Reframing ermöglicht es dir, eine weitere Wahrheit hinter dem Glaubenssatz zu erkennen, die dir gleichzeitig einen Ausweg aus dem bisherigen Teufelskreis aufzeigt. Und das mit einer äußerst einfachen und dennoch sehr effizienten Übung. Wähle dazu deinen stärksten Glaubenssatz aus und gehe so vor, wie ich es gleich anhand von zwei Beispielen tue.

Mein Glaubenssatz: »Ich bin nicht gut genug.«

- Umformulieren in Tatsache: »Ich habe gelernt, mich nicht gut genug zu fühlen.«
- Umkehr-Tatsache: »Wenn ich gelernt habe, mich nicht gut genug zu fühlen, kann ich auch lernen, mich gut genug zu fühlen.«

Mein Glaubenssatz: »Niemand liebt mich wirklich.«

- Tatsache: »Ich habe gelernt, zu glauben, dass mich niemand wirklich liebt.«
- Umkehr-Tatsache: »Wenn ich gelernt habe zu glauben, dass mich niemand wirklich liebt, dann kann ich auch lernen, zu glauben, dass ich geliebt werden kann und geliebt werde.«

Notiere deinen Kernglaubenssatz schriftlich und führe die drei Schritte wie in den Beispielen aus. Lies dann die notierten Sätze, vor allem die Umkehr-Tatsache, mehrmals, bevor du zur nächsten Übung springst.

FÄLLE DEIN URTEIL

Wie bereits angekündigt, geht es darum, dass wir den Glaubenssatz vernichten. Und das tun wir mit einem speziell kreierten Prozess. Prozess im wahrsten Sinne des Wortes: Stell dir dazu bitte vor, du bist eine Richterin, die feststellen muss, ob dein ausgewählter Glaubenssatz wirklich glaubwürdig ist. Du hast die Aufgabe, ein faires Urteil zu sprechen.

HEALING TO GO: STELL DEINE GLAUBENSSÄTZE VOR GERICHT

Die folgenden Fragen, die sich immer auf deinen ausgewählten Glaubenssatz, den du loslassen möchtest, beziehen, werden dir bei deiner Beurteilung helfen.

Kannst du sicher sein, dass das wirklich dein Glaubenssatz ist und dass er dir nicht von anderen auferlegt wurde?

☐ Ja ☐ Nein

Kannst du sicher sein, dass die Menschen, die dir diesen Glaubenssatz durch ihre Handlungen und Aussagen auferlegt haben, niemals Fehler machen?

☐ Ja ☐ Nein

Bewahrheitet sich der Glaubenssatz in allen Bereichen deines Lebens – beruflich, bei Freunden, bei deinem Hobby, im Job …? Wirklich in allen?

☐ Ja ☐ Nein

Würden all deine Freunde und alle aus deiner Familie unterschreiben, dass dieser Glaubenssatz über dich wahr ist? Alle?

☐ Ja ☐ Nein

Kannst du zu wirklich sicher sein, dass dieser Glaubenssatz wahr ist? Wirklich zu 100 Prozent?
☐ Ja ☐ Nein

Fälle nun dein Urteil, indem du die Anzahl der Neins und Jas zusammenzählst. Wie glaubwürdig ist dein Glaubenssatz? Je höher die Anzahl der Neins, desto weniger glaubwürdig ist dein ausgewählter Satz.
In der Regel wirst du bemerken, dass die Glaubwürdigkeit zu wünschen übrig lässt. Du wirst also beginnen, diese Überzeugung, nach der du schon viel zu lange lebst, anzuzweifeln. In deinem Unterbewusstsein wird dadurch ein Prozess ausgelöst, den ich gern als Glaubenssatz-Bruch bezeichne und der nach und nach seine Wirkung tun wird. Selbst dann, wenn du vielleicht nur ein einziges Nein angekreuzt hast.

Den Bruch verstärken

Abschließend kannst du dir noch folgende Fragen stellen, um den Glaubenssatz weiter bröckeln zu lassen:

- Hilft mir der Glaubenssatz, mich so zu fühlen, wie ich mich fühlen möchte?
- Hilft mir der Glaubenssatz, meine Ziele zu erreichen?
- Welcher positive Gegenteil-Satz würde mir wesentlich mehr helfen? Du könntest zum Beispiel statt »Ich bin nicht genug« sagen: »Ich bin mir selbst genug«. Statt »Ich bin nicht wichtig« nutzt du »Ich darf mich wichtig nehmen«. Statt »Ich tauge nichts« nimmst du »Ich kann alles lernen«. Und so weiter. Probiere aus, was dir guttut und hilfreich erscheint.

MUTTERWUNDE UND VATERWUNDE HEILEN

»Endlich kenne ich die Schuldigen. Ich wusste es zwar schon immer, aber jetzt habe ich die Bestätigung. Meine Eltern tragen die alleinige Schuld daran, dass mein Leben ein Drama ist.« Als eine Followerin nach einem Post zum Thema inneres Kind neulich diese Aussage tätigte, stockte mir der Atem. Denn Innere-Kind-Arbeit sollte, außer bei unseren Glaubenssätzen, kein Gerichtsverfahren sein, dessen Ziel es ist, den oder die Schuldige für alles zu finden. Vor allem deshalb, weil es dir und deiner Heilung absolut nicht dient, denn niemand wird heute, zwanzig, dreißig oder vierzig Jahre später, kommen und die Schuldigen in Handschellen abführen (Ausnahme sind natürlich Straftaten).

Und selbst wenn, würde es dir das Herz brechen, weil du deine Eltern noch immer verdammt lieb hast, oder es würde dich glücklich stimmen, allerdings nur für kurze Zeit. Denn Rache ist eine Kurzzeitbefreiung. Zudem ist es zwar richtig, dass deine Eltern oder andere Bezugspersonen damals die Verantwortung hatten und du als Kind absolut schuldlos warst, aber damals ist nicht heute. Heute bist du die erwachsene Person, die darüber entscheiden kann, ob sie die Verantwortung für ihr Leben übernimmt oder weiterhin darauf plädiert, dass Menschen aus der Vergangenheit es bestimmen.

Also zurück zum Start. Es ist absolut nachvollziehbar, dass bei der Inneren-Kind-Arbeit Emotionen wie Wut, Groll und vielleicht sogar Hass gegenüber deinen Eltern oder anderen Bezugspersonen aufkommen. Und bestimmt fragst du dich: Was mache ich mit diesen Emotionen? Gehe ich auf meine Eltern zu, insofern sie noch leben, und konfrontiere sie damit? Verlange ich eine Entschuldigung? Was mache ich, wenn meine Eltern nicht mehr leben? Kann ich nicht erst dann heilen, wenn sie ihre Fehler eingesehen und sich entschuldigt haben?

Lass mich dir all diese Fragen beantworten. Vorerst das Wichtigste: Deine innere Heilung und die Aussöhnung mit deinen Eltern ist nicht davon abhängig, dass du ein Gespräch mit ihnen führst. Und auch nicht davon, ob sie sich entschuldigen oder nicht. Das Loslassen und Friedenschließen findet ausschließlich in dir statt. Es ist daher unabhängig davon, ob du dich weiterhin jede Woche mit deinen Eltern triffst, den Kontakt zu ihnen abgebrochen hast oder sie verstorben sind. So oder so benötigst du einen Umgang mit deinen Emotionen und dieser eventuell lauten Stimme in dir, die dich ständig daran erinnert, dass dein Schmerz ihre Schuld ist.

VERANTWORTUNG STATT SCHULD

Lass uns aus Schuld Verantwortung machen. Deine Eltern oder andere erwachsene Personen hatten damals die Verantwortung für dich. Weil sie aber vielleicht emotional unreif oder selbst negativ geprägt von ihrer Kindheit waren, waren sie mit dieser oft überfordert, machten Fehler und verletzten dich. Wie wir bereits festgestellt haben, hatte das nichts mit dir zu tun. Es lag nicht in deiner Verantwortung. Und falls da immer noch ein Rest von »Vielleicht war ich ja doch schuld« ist, dann ist es jetzt Zeit, diesen loszulassen. Die folgende Affirmation kann dich dabei unterstützen. Sag sie dir idealerweise über mindestens drei Wochen täglich, wenn du die Schuld oder Verantwortung noch immer fühlst.

Ich war die Kleine und sie waren die Großen. Ich lasse den Teil der Verantwortung, den ich viel zu lange getragen habe, jetzt los und werde frei.

Nach der mentalen Abgrenzung der Verantwortung ist es möglich, dass dein Groll bereits nachlässt. Für mich war der wesentlichste Schritt dabei, negative Emotionen gegenüber meinen Eltern abzubauen, allerdings das Verstehen. Mir hat es geholfen, mich mit ihrer Geschichte zu befassen. Ich habe nachgefragt, recherchiert und so einen Teil ihrer Kindheit in meiner Vorstellung rekonstruiert. Erinnert ihr euch an die Geschichte meines Papas? Ehrlich gesagt war ich, nachdem ich herausgefunden habe, was er alles durchmachen musste, sogar sehr stolz darauf, was für ein liebevoller Mensch und Vater er geworden war. Natürlich alles andere als perfekt, aber trotzdem in vielen Moment absolut beschützend und liebevoll.

Ganz ähnlich ging es mir mit meiner Mama. Auch sie erlebte eine sehr harte Kindheit, in der sie häufiger Herabwürdigung ausgesetzt war. Nachdem ich alle Umstände einbezogen hatte, konnte ich rasch verstehen, warum sie sich damals so verhielten und warum sie es nicht besser wissen konnten. Ich erkannte, dass sie mehr als ihr Bestes getan hatten. Und dafür bin ich ihnen sehr dankbar.

Im Grunde habe ich allerdings das Glück, dass meine Eltern zwar einiges falsch, aber noch viel mehr richtig gemacht haben, denn ich fühlte mich zwar manchmal einsam, aber ich fühlte mich immer und auch noch heute von ihnen geliebt. Ich weiß, dass andere dieses Glück nicht haben und das Loslassen der Schuld oder das Verstehen für sie daher ein sehr schwerer, vielleicht sogar unmöglicher Schritt ist. Und das ist auch in Ordnung. Wenn das bei dir so ist, würde ich dir trotzdem ans

Herz legen, zu versuchen, ihre Geschichte zu erforschen. Denn auch wenn sie dir bei deinem Groll wenig weiterhilft, wird sie dich vielleicht dabei unterstützen, dich selbst besser zu verstehen, denn ein Teil ihrer Geschichte lebt auch in dir weiter.

UMGANG MIT WUT UND GROLL

Es ist ganz normal, dass es während der Inneren-Kind-Arbeit beim Thema der Beziehung zu den Eltern zu einem Aufruhr kommt. Vielleicht ärgerst du dich in letzter Zeit besonders über sie, krachst regelmäßig mit ihnen zusammen oder verspürst ein schlechtes Gewissen, weil deine Eltern schon verstorben sind und du es nicht okay findest, negative Gefühle gegenüber Toten zu hegen. Lass dir sagen, all diese Gefühle und Explosionen in dir sind normal. Mit der Inneren-Kind-Arbeit hast du eine uralte Büchse geöffnet und aus der staubt es jetzt nun einmal kräftig raus. Aber keine Sorge – das wird schon bald besser. Du findest außerdem hier im Kapitel Übungen, wie du mit extremen Gefühlen umgehen kannst. Wie du sie also zu- und dann auch loslassen kannst.

Außerdem: Denk daran, du bist auf dem Weg und auch die Auseinandersetzung mit dem Thema Verantwortung und Schuld sowie das Verstehen der Geschichte deiner Eltern wird schon bald für etwas mehr Ruhe in dir in sorgen. Und genau darum geht es ja auch – nämlich, dass in dir endlich Ruhe und Frieden in Bezug auf deine Vergangenheit einkehrt. Womit wir beim großen Thema Vergebung und Aussöhnung wären.

VERGEBEN UND VERSÖHNEN

Vielleicht runzelst du gerade die Stirn, weil du negative Dinge mit dem Wort Vergeben verbindest. Deshalb ist mir wichtig, dass du verstehst, dass vergeben niemals bedeutet, dass du etwas, was dir jemand angetan hat, gutheißt.

Vergeben ist eine Art des Loslassens.
Loslassen und abschließen,
weil deine Seele Frieden verdient.

Fühlst du dich bereit dazu? Möchtest du vergeben und dich mit deinen Eltern aussöhnen – trotz allem, was war? Wenn ja, dann lies weiter in diesem Kapitel. Falls nicht, so ist das auch völlig in Ordnung. Spring in diesem Fall weiter zum übernächsten Healing to go (»Die Schmerzverbindungen trennen«) und passe gegebenenfalls die empfohlenen Worte so an, wie es für dich und die reine Abgrenzung ohne Vergebung passt.

Wie kann eine Aussöhnung mit den Eltern aussehen? Braucht es dazu deine Eltern und vielleicht sogar eine Entschuldigung? Nein! Das Problem ist, wenn wir andere mit ihren Fehlern konfrontieren, fühlen sie sich meist angegriffen. Die Folge ist ein irrationaler Gegenangriff. In der Wut und im Kampfmodus angekommen sehen sie dann, wie alle Menschen, nur noch ihre eigene Perspektive, die häufig eine völlig andere als die unsrige ist. Im Vergleich zu ihren eigenen Eltern (also deinen Großeltern), die vielleicht noch zu Stöcken griffen, um ihre Kinder zu maßregeln, oder ein Kleinkind einfach weinen ließen, bis es keine Kraft mehr hatte, haben sie es ihrer Ansicht nach mit uns schon ziemlich gut gemacht. Und wenn dann der Satz deiner Mutter »Na ja, so schlecht habe ich das doch gar nicht hingekriegt« auf dein verletztes inneres Kind trifft, das erwartet zu hören, »Es war ein Fehler, dass ich dich mit sieben Jahren so oft allein zu Hause gelassen habe – das tut mir leid«, dann wird daraus kaum ein versöhnliches Gespräch entstehen. Im Worst Case wird deine alte Wunde nur noch weiter aufgerissen.

Und dennoch ist es dir und deiner Einschätzung überlassen, ob du mit deinen Eltern, sofern sie noch leben, das physische Gespräch suchst. Wenn du denkst, dass sie dafür reif und offen genug sind, dann tue es. Hol dir dazu eventuell professionelle Unterstützung – vielleicht eine Therapeutin oder einen Mediator. Wenn du denkst, dass ein persönliches Gespräch keine gute Idee ist, dann entscheide dich für die mentale Versöhnung. Diese beginnt mit einer Entscheidung, die in etwa so klingen kann:

- »Ich bin bereit zu vergeben, weil ich weiß, dass es nicht ihre Intention, sondern nur ihr eigener Schmerz war.«
- »Ich bin bereit zu vergeben, weil meine Seele Frieden verdient.«
- »Ich bin bereit zu vergeben, weil mein Herz endlich heilen will.«

Notiere diese Entscheidung schriftlich. Du kannst dafür die vorgeschlagenen Worte oder deine eigenen verwenden. Sieh es als einleitendes Ritual für die Aussöhnung. Schreib aber bitte nicht auf, was du vergibst. Das nämlich interpretiert unser Verstand häufig so, also ob wir gutheißen würden, was damals geschah, oder dafür im Nachhinein ein Einverständnis geben. Und das ist natürlich nicht unser Anliegen.

Nun darf die Vergebung zu wirken beginnen und endlich Frieden in dir einkehren. Aber das ist oftmals gar nicht so leicht, vor allem, wenn es in dir noch brodelt. Stell dir mal einen Kochtopf voller Milch vor. Du drehst die Herdplatte voll auf und gibst dann einen Deckel drauf. In Nullkommanichts läuft der Topf über und der Deckel hebt ab. Der Deckel ist die Vergebung. Sie gelingt einfach nicht, wenn es im Topf noch so stark brodelt. Damit der Deckel auf dem Topf bleibt, musst du erst noch Luft rauslassen. Und genau dazu habe ich dir im folgenden Healing to go eine Übung mitgebracht.

Danach gibt es noch ein zweites Healing-to-go-Tool, das dir bei der Abgrenzung zu deinen Eltern, beim Vergeben und beim Loslassen deines Kindheitsschmerzes hilft. Dieses kannst du auch nutzen, wenn du dich noch nicht bereit fühlst zu vergeben. Streiche dafür die Passage mit der Vergebung einfach aus den empfohlenen Sätzen.

HEALING TO GO: VATER- UND MUTTERWUNDE HEILEN

Diese Übung besteht aus drei Briefen, die du schreibst. Du schreibst sie entweder deiner Mutter oder deinem Vater, je nachdem, in Bezug auf wen du mehr Schmerz empfindest. Du kannst natürlich auch beide heranziehen, bring in diesem Fall aber zuerst die Übung zu einem zu Ende, bevor du mit dem nächsten startest. Wichtig: Du sendest die Briefe nicht ab. Es handelt sich hierbei um eine rein mentale und emotionale Aussöhnung, weshalb du diese Übung natürlich auch machen kannst, wenn deine Eltern bereits verstorben sind.

1. »Liebe Mama, lieber Papa – das war Scheiße!«

Es ist an der Zeit, endlich auszusprechen, was du schon so lange runterschluckst. Schreib einen Brief an deine Mutter oder deinen Vater und lass all das, was du vielleicht nie wagen würdest laut zu sagen, endlich raus. Nimm kein Blatt vor den Mund. Du darfst rücksichtslos, unerzogen und egozentrisch sein. Du darfst deiner Mutter oder deinem Vater endlich alles sagen, was du in Bezug auf sie und deine Kindheit empfindest. Greif zu Papier und Stift und nutze die folgenden Stichworte als Unterstützung für den Brieftext. Schreib auf …

- … womit sie dich am meisten enttäuscht und verletzt haben.
- … was sie deines Erachtens falsch gemacht haben.
- … welche Gefühle das in dir ausgelöst hat.
- … was dich wirklich wütend auf sie macht.

2. »Liebe Mama, lieber Papa – das habt ihr gut gemacht«

Jetzt, wo du hoffentlich viel Wut und Groll rausgelassen hast, ist es an der Zeit, deine Perspektive zu wechseln. Mit sehr hoher Wahrscheinlichkeit haben deine Eltern nicht alles falsch gemacht, sonst wärst du zauberhafter und liebenswerter Mensch heute ja nicht hier. Versuche herauszufinden, was sie gut gemacht haben, wo sie sich besonders bemüht haben, wo du ihre Liebe spüren konntest, wo sie Fürsorge betrieben oder dir Sicherheit geschenkt haben, wo sie ihr Bestes gaben. Fasse alles, was deine Eltern gut gemacht haben, in einem Brief zusammen. Schreib diesen Brief vorerst wieder nur an den Elternteil, den du bereits für den vorangegangenen Brief ausgewählt hast. Die folgenden Fragen dienen dir als Inspiration:

- Was hat deine Mutter oder dein Vater gut gemacht?
- Wann oder wobei hast du dich von ihr/ihm geliebt gefühlt?
- Was hat sie/er dir beigebracht?
- Welche Eigenschaft magst du an ihr oder ihm?
- Was hast du mit ihr/ihm Schönes erlebt?

3. »Ich vergebe dir«

Es steht dir offen, ob du für diesen Kurzbrief bereit bist, der nun als dritter im Bunde an deinen ausgewählten Elternteil geht. (Du sendest ihn natürlich wieder nicht ab.) Darin schreibst du deinen Vergebungsbeschluss nieder. Er kann ungefähr so klingen:

»Liebe Mama! / Lieber Papa!

Es ist an der Zeit zu vergeben, nicht, weil ich alles, was du gemacht hast, toll finde, sondern weil ich wirklich endlich Frieden verdiene. Ich möchte den Groll endlich loslassen und das, was an Liebe da ist, wieder fließen lassen. Zu dir, aber auch zu anderen. Daher vergebe ich dir!

In Liebe, dein Kind«

HEALING TO GO: DIE SCHMERZVERBINDUNG TRENNEN

Eine besonders effiziente Übung, um sich von altem Schmerz und starken Emotionen, die in Verbindung mit den eigenen Eltern stehen, zu lösen, ist die Strichmännchen-Technik. Sie stammt vom kanadischen Psychotherapeuten Jacques Martel. Es handelt sich dabei um ein Tool, das du wunderbar in der Selbstanwendung einsetzen kannst. Ich habe mir erlaubt, die Grundtechnik leicht abzuwandeln, damit du alle Schmerzverbindungen in einem Aufwasch löschen kannst. Geh dazu wie folgt vor:

1. Nimm ein Blatt Papier und zeichne dich und deine Eltern in etwa wie auf dem Bild links unten.
2. Male nun um jeden von euch Dreien einen Lichtkreis und sage, während du das tust: »Ich vergebe dir, Mama/Papa, und wünsche dir nur das Beste.« Bei dir selbst sagst du: »Ich vergebe mir und wünsche mir nur das Beste.«

3. Zeichne nun einen Lichtkreis um euch drei und sage währenddessen: »Ich wünsche uns nur das Beste.«
4. Zeichne nun Verbindungen zwischen euch ein. Vielleicht sind sie bei dir anders als in diesem Beispiel oben.
5. Greife nun zu einer Schere und trenne dich von deinen Eltern. Sage, während du die Verbindungen trennst und das Blatt durchschneidest: »Ich darf mich in Liebe lösen. Danke, es ist erledigt.«

Die innere Heilungsbühne

In diesem Kapitel gehen wir noch einen Schritt tiefer in deine Innere-Kind-Heilung. Dazu habe ich dir drei weitere Hauptwerkzeuge mitgebracht, die unumgänglich sind, wenn du die Wurzel des Schmerzes packen und innere Transformation erwirken möchtest. Das Motto dieses Buchteils lautet: Sag es mir und ich heile vielleicht. Zeig es mir und ich heile ein Stückchen. Lass es mich selbst erfahren und ich heile bis in die Tiefe!

Heilung beginnt

Heilung beginnt, wenn du hinsiehst, wo es wehtut.
Heilung beginnt, wenn du die Gefühle,
die du eingeschlossen hast, endlich freilässt.
Heilung beginnt, wenn du dein inneres Kind liebevoll
betrachtest und ihm versicherst, es war nicht seine Schuld.
Heilung beginnt, wenn du dein vergangenes Ich in die Arme
schließt und sagst: »Ich weiß, du hast dein Bestes gegeben,
und das war mehr als genug.«
Heilung beginnt, wenn du verstehst, dass deine Zukunft
kein Abbild deiner Vergangenheit ist.
Heilung beginnt, wenn du den Mut hast, deine
Schmerzgeschichte zu beenden und eine neue zu kreieren.
Heilung beginnt mit dir, deinem Wohlwollen,
deiner Entscheidung und deiner Handlung!

ALTE GEFÜHLE SIND WIE MESSERSCHARFE STEINE

Nicht gelebte schmerzhafte Gefühle aus der Kindheit sind wie schwere und messerscharfe Steine, die wir mit uns herumschleppen. Es sind fast vier Fünftel der erwachsenen Menschen von dieser Gefühlslast betroffen. Den Rest können wir als unverwundbare oder zumindest sehr resiliente Seelen ansehen. Tatsächlich gibt es laut Psychologie Menschen, die emotionale Verletzungen ohne Schäden überwinden. Aber sie befinden sich in der absoluten Minderheit. Und vermutlich gehörst du, genauso wie ich, nicht dazu, sonst wärst du wohl nicht auf dieses Buch gestoßen. Also zurück zu den schweren Steinen: Jeder imaginäre Stein, den du mitschleppst, steht für ein schmerzhaftes Gefühl, das du in deiner Kindheit nicht gelebt, sondern unterdrückt hast. Denn Kinder können starke negative Emotionen wie Traurigkeit, Verzweiflung, Angst oder Wut nicht ohne Unterstützung verarbeiten. Also beginnen sie diese zu unterdrücken, ja, nicht daran zu denken, möglichst nicht mehr damit in Verbindung zu kommen.

Diese Gefühle verschwinden aber nicht. Dazu müssen wir Folgendes verstehen: Gefühle sind Energien. In der chinesischen Medizin steht das sogenannte Qi für die Lebensenergie. Diese Lebensenergie versorgt uns mit mentaler und körperlicher Gesundheit. Gerät die Energie aber ins Stocken und kann nicht mehr fließen und abfließen, weil wir Gefühle unterdrücken, entsteht eine dauerhafte Blockade. Die unterdrückten Gefühle der Kindheit schleppen wir dann wie schwere Steine weit über die Kindheit hinaus mit uns herum. Manchmal denken wir vielleicht: Ist doch gar nicht so schlimm, wieso sollte ich etwas dagegen unternehmen? Aber sobald eine Situation in unserem Leben brenzlig wird, aktiviert das die messerscharfen Steine und sie triggern wieder und wieder den schon vorhandenen wunden Punkt. Die alten Emotionen überfluten uns dann oft unkontrolliert. Der einzige Weg, diese schweren Steine namens alte Gefühle loszulassen, ist, sie freizulassen. Und das gelingt nur, indem man sie fühlt.

Innere-Kind-Arbeit bedeutet also auch,
den Schmerz von damals heute
in einer sicheren Umgebung zu fühlen.

Bevor wir mit der Praxis des Fühlens loslegen, möchte ich dich an deine Sicherheitsanker erinnern, falls du dich im Verlauf der folgenden Übung überfordert fühlst oder im Anschluss an die Übung vom schmerzhaften Gefühl nicht mehr loskommst: Nutze dann die Notfallkoffer-Übungen »Erschaffe einen sicheren Ort« und »Gefühle neutralisieren« aus dem Kapitel »Kernverletzungen deines Kindes identifizieren«.

Sei dir bitte außerdem darüber bewusst, dass die folgenden Übungen starke Emotionen auslösen können und du vielleicht auch Tränen vergießen wirst. Beides kann ein gutes Anzeichen dafür sein, dass du in deiner Inneren-Kind-Heilung wieder einen Schritt weiterkommst. Tränen sorgen außerdem nachweislich für Erleichterung und wirken entstressend. Erwarte aber bitte trotzdem nicht, dass all dein Schmerz mit der einmaligen Durchführung der Übungen verschwindet. Tiefe

Wunden brauchen Zeit zum Heilen. Also sei liebevoll mit dir und hab Geduld.

HEALING TO GO: GEFÜHLE ZU- UND LOSLASSEN

In diesem Healing to go biete ich dir drei Wege an, um Kontakt mit deinen eingeschlossenen Kindheitsgefühlen aufzunehmen, sie zu fühlen und loszulassen. Du kannst alle oder auch nur eines der Tools ausprobieren. Hör auf dein Gefühl dazu.

1. Kernverletzung mit Verstärkung erleben

Bei diesem intensiven Weg traust du dich an eine starke Kindheitsschmerz-Erinnerung heran. Du brauchst dafür ein Bewusstsein um deine Kernverletzung, die wir im Kapitel »Sieben häufige Verletzungen des inneren Kindes« ermittelt haben. Schließe dann deine Augen und visualisiere eine ausgewählte Erinnerung in Bezug auf diese Kernverletzung, so gut es dir gelingt. Alle handelnden Personen von damals sind mit dabei. Aber du bist nicht allein dort, sondern hast Verstärkung mitgebracht. Jemanden, dem du vertraust, der dir den Rücken stärkt, dich in den Arm nimmt und beschützt. Mit ihm oder ihr kann dir nichts passieren. Dieser Jemand kann dein erwachsenes Selbst oder auch eine fiktive Person sein, zum Beispiel Superwoman, dein imaginärer großer Bruder, deine Lieblingstante, ich als deine Mentorin oder wer auch immer dir hier in den Sinn kommt.

Mach diese Übung nur, wenn du dich psychisch stabil fühlst. Sie hilft dir dabei, den alten Schmerz abzurufen. Sobald du Emotionen spürst, beendest du die vor deinem inneren Auge abgerufene Erinnerungsszene und wendest dich deiner mitgebrachten Begleitperson zu. Du kannst dir dabei vorstellen, wie sie dich in die Arme schließt, dir über den Kopf streichelt und dir in etwa Folgendes sagt:

»Ja, ich weiß, das tut verdammt weh. Du hast allen Grund, traurig und verletzt zu sein. Komm her, mein Schatz. Wein dich aus. Lass den Schmerz raus. Ich halte dich so lange, wie es notwendig ist.«
Lass die Gefühle und Tränen, die hochkommen, so lange zu, bis sie verebben. Das kann Minuten, manchmal aber auch eine Stunde oder länger dauern. Nimm dir hierfür unbedingt ausreichend Zeit. Danach verlass mit deiner starken Begleitperson diese innere Bühne und komm zurück in die Gegenwart. Wenn du dich danach sehr geschwächt oder schlecht fühlst, besuche noch deinen inneren sicheren Ort, den du als Teil des Notfallkoffers kennengelernt hast.

2. Durch den Körper ins Fühlen kommen

Erinnere dich an deine Kernverletzung aus der Kindheit, die du mittels dieses Buches herausgefunden hast. Benenne sie und das konkrete Gefühl, das durch sie entsteht. Vielleicht Verlustangst, Traurigkeit, Wut, Unsicherheit, Verzweiflung …

Nimm dann einen tiefen Atemzug, schließe deine Augen und frage dich: Wo im Körper spüre ich dieses Gefühl am ehesten? Ganz egal, was du spürst, ob es ein Kribbeln, eine Spannung, eine Wärme oder Kälte ist – spür genau dorthin. Lass dieses Gefühl über deinen Körper zu.
Atme in jene Körperstelle, in der du das Gefühl spürst, hinein. Wenn sich das Gefühl verändert oder bewegt, folge ihm mit deiner Aufmerksamkeit. So lange, bis es sich in ein neutrales oder gar positives Körpergefühl verwandelt oder sich ganz auflöst.
Unterstützend kannst du dir zwischendurch immer wieder sagen: »Es darf sein. Es ist okay.«

3. Gefühle aufschreiben

Manchmal brauchen wir den Verstand an unserer Seite, um an die alten Gefühle heranzukommen. Dabei kann es helfen, wenn du den Schmerz von damals aufschreibst. Schreib nieder, was dich so sehr gekränkt hat und wie du dich gefühlt hast. Schreib auf, was dich traurig gemacht hat oder dir das Gefühl gab, einsam und verlassen zu sein. Lies anschließend deine notierten Zeilen und fühle in dich hinein. Falls Tränen kommen, lass sie zu. Tränen sind fast immer ein Zeichen dafür, dass sich etwas löst.

Noch ein paar Hinweise

Wenn du schwer an deine Gefühle herankommst, können dir auch Klopfakupressur (Emotional Tapping), melancholische Lieder oder Pianomusik und Fotos aus deiner Kindheit dabei helfen, wieder eine Verbindung aufzubauen.
Wichtig: Beschließe jede dieser Übungen am besten mit dem sicheren Ort, einer stärkenden Affirmation oder einer Meditation.

ES IST NIE ZU SPÄT FÜR EINE GLÜCKLICHE KINDHEIT

Als ich diesen Satz zum ersten Mal hörte, dachte ich, man wolle mich für dumm verkaufen. Erst auf den zweiten Blick erkannte ich, wie viel Wahres und Heilsames hinter dieser Aussage steckt. Denn natürlich kannst du die Vergangenheit nicht mehr ändern. Aber du hast ein mächtiges Werkzeug, um sie parallel neu zu erschaffen.

Erinnerst du dich an meinen Lieblingsfilm aus der Jugend? Ja, genau: »Titanic«. Es ist ein trauriger Film. Der Hauptdarsteller Jack stirbt am Ende und seine große Liebe Rose bleibt allein zurück. Du kannst dir vorstellen, wie sehr mich das traf, wo ich doch so mit den beiden mitgefiebert hatte. Am Ende heulte ich, als wäre ich selbst die Zurückgebliebene.

Und bestimmt ist es dir schon einmal ähnlich bei einem Film, einer Serie, einem Buch oder beim Ansehen alter Bilder ergangen. Manchmal hast du geweint, manchmal hast du dich mitgefreut oder dich bei einem alten Erinnerungsfoto wieder so gefühlt wie damals, als die Aufnahme entstand. Also so, als wäre die Situation durch das Ansehen des Fotos noch einmal real geworden. Und genau genommen ist sie das auch. Denn unser Unterbewusstsein kann vieles – aber eines kann es nicht: Es kann nicht zwischen Realität und intensiver innerer Vorstellung unterscheiden. Wenn du dich heute über einen Erfolg freust, den du vor einem Jahr hattest, dann findet diese Freude im Hier und Jetzt real statt und deshalb ist es für dein Unterbewusstsein so, als würdest du den Erfolg erneut erleben. Die Kombination von innerer Visualisierung plus entfachtem Gefühl macht es uns also möglich, neue Kindheitserinnerungen zu erschaffen, die den alten Schmerz lindern und unser inneres Kind mit Liebe, Freude und Sicherheit versorgen.

Wir können durch unsere Vorstellungskraft Gefühle erzeugen, die genauso heilsam sind, wie es das reale Erlebnis war oder wäre.

Und nein, dadurch machst du nicht ungeschehen, was damals geschah. Du redest dadurch auch nichts schön oder veräppelst dich selbst. Nein, du erschaffst lediglich eine zweite Realität, die es dir ermöglicht, den Schmerz der ersten zu überwinden.

HEALING TO GO: GESTALTE DEINE KINDHEIT NEU

Dieses tiefenwirksame Tool kannst du auf zwei Arten für dich nutzen. Entweder du gehst damit direkt an deine Kernverletzung heran und schreibst die Geschichte von damals um – oder aber du wagst dich mit etwas Sicherheitsabstand heran und erschaffst unabhängig von den damaligen Verletzungen eine heilsame Geschichte.

1. Heile deine Kernverletzung mit einer neuen Realität

Dafür ziehst du wieder diese eine Situation aus deiner Kindheit heran, die deine Kernverletzung begleitet. So wie es damals gelaufen ist, war es falsch – das weißt du genau. Aber bestimmt hast du eine Idee, wie es hätte laufen sollen, damit du nicht so verletzt gewesen wärst.

Hierzu ein Beispiel: Sandrinas Eltern legten viel Wert auf die Noten und den späteren Werdegang ihrer Kinder. Dementsprechend waren sie oft sehr streng. Sandrina war, im Gegensatz zu ihrem Bruder, keine besonders gute Schülerin. Das führte dazu, dass sie sonntags häufig, anstatt beim Familienausflug dabei zu sein, allein zu Hause bleiben und lernen musste. Genauso war es an dem Tag, als ihre Eltern mit ihrem Bruder in den Zoo gingen, den Sandrina über alles liebte. Sie saß stundenlang allein zu Hause und weinte bitterlich. »Ich bin nicht gut genug für meine Eltern und deshalb lieben sie meinen Bruder mehr als mich. Ich bin ihnen egal«, schlussfolgerte sie in ihren Gedanken und wurde erneut von einer Schmerzwelle überrollt.

Mach dir deine eigene Erinnerung genauso schmerzlich neu bewusst. Bei dieser Übung darfst du dann die Realität von damals ändern. In den meisten Fällen ist es aber nicht sehr zielführend, die Personen, die dir damals durch ihr Tun Schmerz zugefügt haben – in Sandrinas Fall die Eltern und deren Verhalten – zu verändern. Denn das fühlt sich oft einfach nicht realistisch an und triggert den alten Schmerz nur noch mehr. Besser ist es, eine neue Realität zu schaffen mit einer neuen Person, die anstatt der Eltern das tut, was du dir damals gewünscht hättest. Hierzu kannst du für deine Visualisierung wieder einen starken Begleiter deiner Wahl oder dich selbst als erwachsene Person einsetzen.

Sandrinas Visualisierung könnte so aussehen: Sandrina sitzt allein und traurig im Zimmer, während ihre Eltern mit ihrem Bruder im Zoo sind. Aber dann klingelt es an der Tür. Sandrina öffnet und erblickt ihre Lieblingstante. Sie erzählt ihr alles, was vorgefallen ist, und bekommt liebevolles Verständnis. »Ach, mein Schatz, das ist nicht richtig, dass du hier allein bist. Es liegt nicht an dir, du verdienst einen wunderschönen Samstag mit einer Person, die dich liebt. Also lass uns ins Auto steigen und zum größten Zoo, den es überhaupt gibt, fahren.« Sandrina erlebt alle Details dieses schönen Tages mit der Lieblingstante nun vor ihrem inneren Auge.

Bevor du deine Visualisierung startest, überlege dir die Hauptakteure und das Geschehen in deiner neuen Geschichte.

Mach es dir anschließend gemütlich und nimm dir zehn bis zwanzig Minuten Zeit für dieses heilsame Erlebnis. Erschaffe all das, was dein inneres Kind damals gebraucht hätte, und noch mehr. Lass keine Wünsche offen und lass dich ganz in die neue, schöne Geschichte hineinfallen.

2. Visualisiere frei

Wenn dir das Umschreiben deiner Kernverletzung Unwohlsein bereitet oder du dich gar davor fürchtest, so lass die Situation von damals links liegen und schaffe unabhängig davon eine neue Geschichte. Ein Erlebnis mit einer liebevollen Person oder deinem erwachsenen Selbst, so wie du es dir damals gewünscht hättest. Erfülle in deiner Visualisierung einfach alle Wünsche deines früheren Kindes. Ganz egal, was. Peile für die Visualisierung zehn bis zwanzig Minuten an. Und wiederhole die Übung gern einmal wöchentlich mit einem neuen Erlebnis. Hier ein paar Ideen für Erlebnisse mit dem Kind, das du einst warst:

- Reise mit ihm ins Disneyland.
- Flieg Heißluftballon.
- Umarme es, küsse seine Stirn, sag ihm, dass du es liebhast.
- Lass es einen Tag in seinem Traumberuf schnuppern.
- Bau ein Baumhaus.
- Male seine Zimmerwände gemeinsam mit ihm bunt an.
- Spring Trampolin.
- Tröste es, sag ihm, wie zauberhaft es ist.
- Fahr mit ihm ans Meer.
- Verkleide dich mit ihm.
- Tanz und sing mit ihm.
- Besuch mit ihm den Rummelplatz.
- Lies ihm eine Gute-Nacht-Geschichte vor und streichle es in den Schlaf.

MEDITATION FÜR DEIN INNERES KIND

Wann kochst du am besten? Wenn du vier verschiedene Gerichte gleichzeitig machen musst, weil jeder etwas anderes will, oder wenn du dich ganz auf ein Gericht konzentrieren kannst? Falls du nicht gerade ein gelernter Koch oder eine geübte Köchin bist, dann geht es dir wahrscheinlich ähnlich wie mir. Das Menü gelingt dir am besten, wenn du dich ganz darauf konzentrieren kannst und nicht fünf Kochtöpfe gleichzeitig hüten musst. Und wahrscheinlich bist du beim Kochen eines Menüs, das aus einer Vor- und einer Hauptspeise besteht, auch wesentlich entspannter, als wenn du gleich vier Gänge zaubern musst. Ähnlich ist es mit unserem Gehirn und dem Meditieren. Während wir im Alltag oft fünf Dinge gleichzeitig machen, geht es beim Meditieren darum, unsere ganze Gedankenenergie auf eine Sache zu lenken. Der Grund hierfür ist der sogenannte Alphazustand.

Dazu eine kurze Erläuterung: Wenn wir aktiv arbeiten und unseren Alltag bestreiten, läuft unser Gehirn auf Betawellen-Basis. Wir sind im Tun, meistern eine Sache nach der anderen, Gedanken, Handlungsschritte und Termine schwirren oft gleichzeitig durch unseren Kopf. Dieser Zustand ist notwendig, um den vielen To-dos, die wir alle haben, nachzukommen. Aber es gibt neben den Betawellen auch noch sogenannte Deltawellen, die ausschließlich während des Schlafes entstehen. Und es gibt die allseits bekannten Alphawellen.

Man könnte sagen, diese sind eine Mischung aus Beta und Delta. Wir befinden uns dabei in einem entspannten Zustand. Genau diesen erreichen wir immer dann, wenn wir meditieren, eine Fantasiereise, eine Visualisierung oder einen Bodyscan machen. Der Alphazustand ist deshalb so populär, weil er einige positive Prozesse in uns auslöst.

- Er verlangsamt den Herzschlag.
- Er lässt den Blutdruck sinken.
- Der Körper entspannt sich.
- Die Konzentration erhöht sich.
- Die Lernfähigkeit nimmt drastisch zu.

Diese Auswirkungen sind nicht nur gut für unsere körperliche und mentale Gesundheit, sondern stellen auch eine ideale Möglichkeit dar, um Veränderungen zu erwirken. Je höher unsere Konzentration und unsere Lernfähigkeit, desto einfacher kann Veränderung stattfinden. Deshalb ist es lohnenswert, Innere-Kind-Arbeit in Form einer meditativen Reise zu betreiben.

Vielleicht fragst du dich jetzt, ob es dir überhaupt möglich ist, den Alphazustand zu erreichen, um seine Vorteile nutzen zu können. Absolut ja! Der Alphazustand wird auch von Meditationsanfängern erreicht. Manchmal erleben wir ihn sogar, wenn wir ganz entspannt ein Buch lesen, auf der Wiese liegen oder Musik lauschen. Vermutlich hast du ihn auch schon bei den Audios im Rahmen dieses Buches kennengelernt. Dennoch lohnt sich eine intensivere Alphazustand-Reise, die am besten gelingt, wenn du dazu angeleitet wirst, zur Vertiefung deiner Inneren-Kind-Heilung. Dazu habe ich dir zwei Meditationen von jeweils zehn bis fünfzehn Minuten eingesprochen. Du findest den Link dazu gleich beim nachfolgenden Healing to go.

https:/honigperlen.at/innere-kind-meditationen/

HEALING TO GO: MEDITATIVE INNERE-KIND-REISE

Eine der beiden Meditationen, die ich dir hier zur Verfügung stelle, ist tagesunabhängig durchführbar und die andere solltest du idealerweise abends vor dem Schlafengehen genießen. Meine Empfehlung: Hör dir eine der Meditationen in den nächsten drei Wochen mindestens ein- bis zweimal pro Woche an. Selbstverständlich kannst du dabei auch abwechseln. Mach dir vor jeder Inneren-Kind-Reise in einer kurzen Meditation bewusst, dass sie eine tiefe Wirkung hinterlässt und die Datenbank in deinem Unterbewusstsein positiv verändert. Und mach dir keinen Stress, wenn deine Gedanken einmal abschweifen. Das passiert uns allen und macht die Meditation deshalb nicht wirkungslos. Hol deine Konzentration einfach immer wieder liebevoll zu deinem inneren Kind und der meditativen Reise zurück.

Mach dir auch keine Gedanken, wenn du einschläfst. So nimmst du vielleicht noch ein paar Thetawellen (ein noch tieferer Entspannungszustand) mit und beim nächsten Mal gelingt es dir möglicherweise wieder besser, im Alphazustand zu bleiben.

Daher: Code einscannen und die Reise genießen!

Stärke dein inneres Kind

Was, wenn dein Schmerz nicht umsonst war? Diese Frage hat eine gewaltige Wendung in meinem Leben ausgelöst. Sie hat mir eine Wahrheit, die wir in unserem Leid oft nicht sehen können, offenbart: Jede Schattenseite hat auch eine Sonnenseite. Ja, ich gebe es zu: Manchmal ist es verdammt schwer, diese zu erkennen, aber sie ist immer da. Und in diesem Kapitel entdecken wir sie gemeinsam.

Dein glückliches inneres Kind

Wenn dir der Regen Freude macht und du es kaum
abwarten kannst, in die Pfützen zu springen,
wenn Musik dich zum Tanzen und Singen bringt,
extra laut und extra falsch,
wenn du in die Hände klatschst und jauchzt,
weil dir etwas gut gelungen ist,
wenn du zeichnest, bastelst, schreibst oder malst
und dabei Zeit und Raum vergisst,
wenn du bei einem Waldspaziergang tausend
Entdeckungen machst,
wenn du am Strand sitzt und aus Sand himmlische
Schlösser baust,
oder wenn du den Teller abschleckst, weil die
Spaghettisoße so lecker war,
dann ist dein glückliches inneres Kind am Werk.
Denn jedes innere Kind trägt auch diesen Anteil in sich –
den kindlichen, freudigen und unbeschwerten.
Und genau diesem möchten wir uns jetzt widmen.
Denn die Beschäftigung damit stärkt unser inneres Kind.
Dabei lassen wir aber auch den Schmerz nicht außer Acht,
denn er kann manchmal auf erstaunliche Weise
der Samen für etwas Gutes sein.

DEIN STRAHLENDES INNERES KIND

Ich bekam mit etwa dreißig Jahren von einem Tag auf den anderen einen Migräneanfall. Die Schmerzen waren so massiv, dass ich mich kaum rühren konnte. Zudem war mir speiübel und ich sah meine Umgebung nur noch verschwommen. Alles halb so schlimm, weil so ein Migräneanfall ja nach vier bis zwölf Stunden wieder verschwindet. Aber was, wenn er das nicht tut? Dann wird dein Leben zur Hölle auf Erden und nichts ist mehr, wie es einmal war. Ich hatte fortan 24 Stunden täglich bestialische Schmerzen, die sich mit keiner Therapie und nicht einmal mit Morphium lindern ließen. Ich verlor alles, was mir jemals wichtig war, mit einem Schlag. Meine Arbeit, meine Hobbys, meine Freunde, das geliebte Reisen und noch vieles mehr. Denn ich konnte nichts tun, außer im Bett liegen, den Schmerz ertragen und um mein Leben weinen. Fast zwei Jahre meines Lebens spürte ich nur Schmerz – physisch und psychisch, denn natürlich gesellten sich schon bald panische Ängste und eine Depression dazu. Bis ich schließlich den Ausweg über meine innere Heilung fand, die in meinem Fall auch die körperliche Heilung positiv beeinflusste.

Wenn mir damals jemand gesagt hätte, dass dieser Schmerz auch eine Sonnenseite hat, hätte ich wohl meine letzte Kraft zusammengenommen und ihm eins übergezogen. Heute aber sehe ich das anders. Mein Schmerz von damals war nicht umsonst, denn er brachte mich auf neue Wege, die ich sonst nie entdeckt hätte. Er brachte mich beispielsweise zur Selbstliebe, zur Schreibliebe, zur Inneren-Kind-Arbeit und schließlich zu meiner Berufung. Mein Schmerz war nicht umsonst, weil er mir gezeigt hat, was wirklich wichtig ist im Leben und was nicht. Mein Schmerz war nicht umsonst, weil er mich den Menschen, die mich wirklich lieben, noch näherbrachte. Mein Schmerz war nicht umsonst, weil er Menschen, die nicht wahrlich an mir interessiert waren, von mir entfernte. Mein Schmerz war nicht umsonst, weil er mich zu einer unglaublich empathischen Seele für den Schmerz anderer gemacht hat.

Mein Schmerz war nicht umsonst,
weil ich sonst heute nicht hier sitzen würde
und dieses Buch schreiben könnte,
das hoffentlich Tausenden Menschen hilft.

Ja, in meiner Geschichte geht es um einen physischen Schmerz. Aber es verhält sich bei emotionalem Schmerz genauso. Auch dein Schmerz war nicht umsonst, wie er sich auch gezeigt haben mag! Vielleicht hast du noch nicht allzu viele Sonnenstrahlen in Bezug auf deinen Kindheitsschmerz entdeckt, aber ein paar gibt es bestimmt. Lass es uns gemeinsam herausfinden.

Schauen wir zuerst auf die Sonnenstrahlen deiner Kindheit. Auch wenn diese vielleicht oft düster war, hat doch fast jeder von uns auch gute Dinge von damals mitgenommen. Egal, ob es diese eine schöne Urlaubserinnerung war, als du zum ersten Mal Sandburgen am Strand von Lignano gebaut hast, oder ob es diese extreme Sturheit deines Opas ist, die du geerbt hast und die dir schon oft dabei half, nicht aufzugeben, dranzubleiben und zu kämpfen. Nein, es war nicht alles schlecht und genau das darf nun auch in dein Bewusstsein dringen. Hierfür möchte ich dir einige Fragen stellen, die deine Erinnerungen in eine positive Richtung lenken können.

HEALING TO GO: DEIN SCHMERZ WAR NICHT UMSONST

Die Beantwortung der folgenden Fragen soll dich stärken. Zwinge dich daher nicht dazu, alle zu beantworten. Wenn dir auf eine Frage nichts einfällt, überspringe sie einfach.

- Welche Stärken, Eigenschaften oder besonderen Fähigkeiten hast du aus dem Schmerz deiner Kindheit mitgenommen? (Zum Beispiel hat jemand, der viel Zurückweisung erlebt hat, oft eine besonders sanfte Kommunikation, ist liebevoll und empathisch. Oder: Jemand, der viel alleingelassen wurde, ist selbstständig, packt die Dinge an, ist ein Familienmensch oder ein besonders guter Freund, weil er die Gesellschaft anderer noch mehr schätzt.)
- Welche Stärken, positiven Eigenschaften oder besonderen Fähigkeiten hast du unabhängig von den schmerzhaften Erfahrungen aus deiner Kindheit mitgenommen?
- Welche positiven Dinge haben dir deine Eltern, Großeltern, Geschwister oder andere wichtige Bezugspersonen mitgegeben? (Vielleicht einen guten Rat, einen emotionalen Wert, ein Lebensmotto, eine Fähigkeit, eine bestimmte Einstellung.)
- Was sind deine drei schönsten Kindheitserinnerungen?

Wenn du magst, schließe im Anschluss an das Beantworten deine Augen und tauche noch einmal tief ein in eine dieser drei schönsten Kindheitserinnerungen.

LERNE VON DEINEM WEISEN INNEREN KIND

Ich liebe Kinderspielplätze! Egal, ob vormittags, wenn die Kleinen noch in der Schule oder im Kindergarten sind, denn dann klettere auch ich gern mal den Turm mit der größten Rutsche rauf. Oder nachmittags, wenn die jauchzenden Kinderstimmen den Platz zum Leben erwecken. Da ich selbst noch keine Kinder habe, treffe ich mich meist mit Freundinnen und ihren Kindern dort. Manchmal machen wir es uns auf der Wiese gemütlich und plaudern, während die Kinder auf Entdeckungstour gehen. Oft sind es nicht die großen Attraktionen, die sie begeistern, sondern eher die kleinen Dinge, wie ein Holzstück, das sie in der Wiese finden, die Kieselsteine, die so schön durch ihre Finger gleiten, oder die fleißigen Ameisen, die gerade eine Straße bauen. Beim Beobachten der Kids habe ich schon viel gelernt. Zum Beispiel, neugierig und achtsam zu sein und die Welt immer wieder neu zu entdecken. Tausend Dinge, die uns längst nicht mehr auffallen, sind für Kinder ein Abenteuer.

Manchmal ahme ich die Kleinen ganz bewusst nach und inspiziere dann einen Baum oder auch mein eigenes Gesicht so, als würde ich es zum ersten Mal sehen. Achtsamkeit ist nur eine Sache, die wir von Kindern lernen können. In diesem Kapitel möchte ich dir einige weitere aufzeigen, dir aber zuerst das Beste daran verraten: Das Kind, von dem du unendlich viele Dinge lernen kannst, die dein Leben besser, leichter und glücklicher machen, befindet sich in dir. Es ist der weise Anteil deines inneren Kindes, dem du ab jetzt viel öfter lauschen darfst.

SIEBEN DINGE, DIE DICH DEIN KIND LEHREN KANN

Jede der folgenden sieben Eigenschaften oder Fähigkeiten trägt das Kind, das du einst warst, in sich. Sie sind nicht verloren, nur weil du heute erwachsen und vernünftig bist. Du kannst all diese Eigenschaften reaktivieren. Achte beim Lesen darauf, wo dir das besonders guttun würde. Bewerte hierfür wieder von null bis zehn, wie sehr du diese Eigenschaft im Moment in dein Leben integriert hast. Je niedriger die Bewertung, desto größer ist die Einladung an dich, diese Eigenschaften wieder mehr zu leben.

1. SCHAMLOSE EHRLICHKEIT

Kinder pupsen, wenn es im Bauch drückt, und sie tätigen oft Aussagen, die uns Erwachsenen peinlich sind, wie zum Beispiel: »Das Essen von Tante Erna schmeckt mir nicht.« »Meine Frau Lehrerin stinkt.« »Bei Opa will ich nicht bleiben, der ist langweilig.« Obwohl derartige Sätze nicht gerade charmant sind, zeigen sie eines sehr klar: Für Kinder gibt es kaum Tabus! Sie sind offen und ehrlich und das liegt vor allem daran, dass sie sich nicht ständig darüber Gedanken machen, was andere über sie denken. Es ist ihnen, in Kindersprache gesagt, einfach furzegal. Eine Eigenschaft, die wir in einem gewissen Ausmaß wieder ganz bewusst in unser Erwachsenenleben einladen dürfen, um öfter aus dem Gedankenkarussell, was andere über uns denken könnten, auszusteigen und wieder ein Stückchen freier und unabhängiger zu werden.

OFFEN UND EHRLICH?

Wie sehr hast du die Eigenschaft, offen und ehrlich zu sein, ohne dir darüber Gedanken zu machen, was andere denken, im Moment in deinem Leben integriert?

0____10

2. AUF SICH SELBST STOLZ SEIN

Bevor den Kindern in der Schule oder von den Eltern eingetrichtert wird, dass Eigenlob stinkt und Bescheidenheit eine Tugend ist, sind sie Profis darin, sich selbst zu loben. »Wow, das hab ich gut gemacht. Schau mal, wie toll ich das kann. Ich bin superstark, megaklug und jeder hat mich lieb.« Und in der Tat machen die Kinder es damit genau richtig. Denn Eigenlob wirkt im Gehirn auf ähnliche Weise wie Fremdlob. Wir schütten dabei Glücksgefühle aus und unser Selbstvertrauen wird gestärkt, was weiter dazu führt, dass wir eher zu besseren Leistungen in der Lage und mit uns selbst zufriedener sind.

STOLZ AUF DICH?

Wie sehr hast du die Eigenschaft, dich selbst zu loben und auf dich stolz zu sein, im Moment in dein Leben integriert?

0____10

3. VERLETZLICHKEIT ZEIGEN

Als wir Kinder waren und noch frei von Konditionierungen, da weinten wir, wann immer uns die Emotionen überkamen. Wenn wir hinfielen und uns das Knie aufschürften, wenn Mama ein Abenddate hatte und wir nicht wollten, dass sie ohne uns geht, oder wenn der beste Kindergarten-Freund keine Lust hatte, mit uns zu spielen. Wir zeigten unseren

Schmerz, unsere Ängste und unsere Traurigkeit unreflektiert dem Außen. Bei den meisten Erwachsenen ist das nicht mehr der Fall. Sie verbergen ihre verletzliche Seite nicht nur vor anderen, sondern oft auch vor sich selbst. »Mach dich ja nicht angreifbar«, lautet das unbewusste Motto oft.

Dabei ist es etwas Wunderschönes und Verbindendes, sich verletzlich zu zeigen. Gerade in tiefen Beziehungen und Freundschaften sollten wir uns hier ein Beispiel an Kindern nehmen, die mitunter durch das Zeigen ihrer Gefühle schnell tiefe Verbundenheit aufbauen können. Auch ich selbst habe die Erfahrung gemacht, dass Menschen, die sich auch einmal schwach, ratlos oder verletzlich zeigen, mein Herz schneller erobern als jene, die stets ihre Emotionen im Griff haben und beinahe perfekt erscheinen.

VERLETZLICH UND NAHBAR?

Wie sehr hast du die Eigenschaft, dich verletzlich zu zeigen, in dein aktuelles Leben integriert?

0____10

4. LIEBE ZEIGEN

Aus Angst vor Verletzungen verlernen es viele Menschen im Erwachsenenalter ebenso, ihre Liebe offen zu zeigen. Obwohl sie tief im Herzen lieben, sind sie im Außen oft schroff und abweisend zu ihren Liebsten. Zudem ist die Sache mit der Liebe vielen Erwachsenen unangenehm, weswegen sie in der Öffentlichkeit oft Abstand von ihren Lieben halten. Küssen und streicheln – lieber nicht. Was sollen denn die anderen denken?

Auch hier können wir von Kindern lernen. Sie zeigen ihre Liebe ungefiltert. »Ich hab dich ganz toll lieb.« Oder: »Ich will aber nur neben dir sitzen oder mit dir spielen.« Ihre Zuneigung ist aufrichtig und wird in dem Moment gezeigt, wo sie gespürt wird. Und obwohl das gerade dann, wenn man viele Kindheitsverletzungen erlitten hat, schwierig ist, ist es ein wesentlicher Bestandteil für gesunde Beziehungen und sollte daher bewusst wieder gelernt werden.

Mein Tipp: Wenn dir liebevolle Worte oder Komplimente schwer über die Lippen kommen, probiere es mal mit einem Brief oder einer Nachricht.

LIEBE ZEIGEN?

Wie sehr hast du die Eigenschaft, deine Liebe offen zu zeigen und zu kommunizieren, aktuell in dein Leben integriert?

0____10

5. NEIN SAGEN

»Nein, ich mag keinen Spinat.« »Nein, ich will nicht mit Papa schwimmen, nur mit Mama!« »Nein, ich mag nicht spazieren gehen.« Die Klarheit des Neins eines Kindes hat eine immense Energie. Kinder wissen nicht nur ganz genau, was sie wollen und was nicht, sondern sie können es auch klar kommunizieren. Etwas, das wir Erwachsenen oft verlernt haben. Lieber um den heißen Brei herumreden, denn sonst könnte der andere ja beleidigt sein. Dabei ist ein offenes Nein meist die beste Variante. Vor allem auch, um sich selbst nicht ständig zu übernehmen und nicht im Muster, es allen recht zu machen, gefangen zu bleiben.

EIN EHRLICHES NEIN?

Wie gut bist du aktuell darin, einfach Nein zu sagen?

0____10

6. IM HIER UND JETZT SEIN

Kinder haben die Gabe, ihr Leben im Hier und Jetzt zu genießen. Wenn sie im Wald sind, dann sind sie zu 100 Prozent mit all ihrer Aufmerksamkeit dort – die Hausaufgaben, die noch zu machen sind, oder der Streit mit Mama gestern ist dann vergessen. Im Vergleich zum durchschnittlichen Erwachsenen, der mit seinen Gedanken meist mit mehr als 50 Prozent in der Vergangenheit feststeckt oder in die Zukunft abdriftet, ist das großartig. Vor allem deshalb, weil die Gegenwart das Kraftvollste ist, was wir haben. Nur in der Gegenwart können wir aktiv leben, genießen, lachen, lieben und etwas verändern.

HIER UND JETZT?

Wie gut bist du darin, den Moment im Hier und Jetzt zu leben, anstatt ständig an gestern und morgen zu denken?

0____10

7. VERGEBEN

Das eine Kind schubst das andere aus der Sandkiste und es gibt lautstarkes Geheule. Zwei Minuten später folgt eine Entschuldigung und der Ausrutscher ist vergessen. Natürlich ist so ein Ereignis etwas anders, als wenn man betrogen oder tief verletzt wurde. Aber Kinder zeigen uns damit den Vorteil des Vergebens. Denn sobald sie vergeben haben, werden auch sie selbst nicht mehr von Schmerz und Groll gequält. Sie befreien sich durch den Akt des Vergebens.

VERGEBEN?

Wie gut gelingt dir Vergebung aktuell?

0____10

Lege nun anhand deiner Bewertungen fest, welche Eigenschaften du vermehrt wieder in dein Leben einladen möchtest. Am besten all jene mit einem Wert von 5 oder niedriger. Auch, wenn es dich anfangs wahrscheinlich etwas Überwindung und Mut kostet, lohnt es sich, dranzubleiben.

HEALING TO GO: LEBENSRAT VON DEINEM INNEREN KIND

Du kannst noch viel mehr von deinem weisen inneren Kind lernen. Es kann dir ein wundervoller Lebensratgeber sein, wenn du es zulässt. Um von ihm zu lernen, verbinde dich zuerst mit deinem siebenjährigen Ich. Schließe dazu deine Augen und stell dir dein inneres Kind vor. Es ist gerade erst ein Jahr in der Schule und sein Blick auf die Welt ist noch sehr klar. Wie jedes Kind weiß es ganz genau, was ihm Spaß macht und was nicht. Es weiß ganz genau, wie das mit dem Glücklichsein geht. Verbinde dich bewusst mit diesem siebenjährigen Ich, indem du deine Hand auf dein Herz legst. Verbring eine Minute mit ihm, bevor du deine Augen wieder öffnest. Anschließend versuchst du die folgenden Fragen zu beantworten: Was würde dein siebenjähriges Ich zu deinem heutigen Leben sagen? Was würde ihm gefallen? Und was würde ihm weniger gefallen? Was würde sich dein siebenjähriges Ich für dich wünschen?

Schreib alles auf, was dir einfällt, und nutze die Weisheit deines inneren Kindes. Vielleicht gibt es ein paar Dinge in deinem Leben, die du verändern möchtest. Und von den Dingen, die ihm gefallen, ist es vielleicht an der Zeit, mehr zu machen.

VERBINDE DICH MIT DEINER KINDLICHEN LEICHTIGKEIT

Weißt du, warum ich den Kinderspielplatz auch liebe? Weil die kindliche Leichtigkeit ansteckend ist. Ich fühle mich dort freier und unbeschwerter – ganz so, als würde ich mich wieder mit meiner kindlichen Leichtigkeit verbinden. Und genau das sollten wir alle viel häufiger tun – das Leben leichtnehmen, nicht immer den sorgenvollen Gedanken nachhängen, die Pflicht auch mal vergessen und so unseren gesamten Organismus entspannen und regenerieren. Statt Waldbaden, was auch schön sein kann, empfehle ich daher immer einen Kinderspielplatzbesuch. Vielen macht das Spaß, aber lange nicht jedem. Denn genauso wie die Kinder auf dieser Erde unterschiedlich sind, sind es auch unsere inneren Kinder. Während meines die Schaukel liebt, langweilt sich deines vielleicht dabei. Deshalb ist es wichtig für dich, herauszufinden, welche Tätigkeiten dich mit der Freude und der Leichtigkeit deines inneren Kindes verbinden können. Und hierzu habe ich dir eine kunterbunte Ideenliste mitgebracht.

HEALING TO GO: ERLEBNISSE VOLLER KINDLICHER LEICHTIGKEIT

Wähle mindestens zwei, gerne mehr Dinge aus, die du in den nächsten Wochen oder Monaten ausprobieren willst. Und ergänze unbedingt auch deine eigenen Ideen. Denk dabei daran, was du als Kind besonders gern gemacht hast oder schon immer einmal ausprobieren wolltest.

- schwimmen mit einer Meerjungfrauenflosse
- ein Haus aus Stecken und Zweigen im Wald bauen
- Hula-Hoopen
- Schlitten fahren
- ein Schlauchboot kaufen und damit auf den See fahren
- ein Kindermuseum besuchen
- ein Bild mit Wasser- oder Acrylfarben malen
- Kinderüberraschungseier kaufen, die Schoko aufessen und die Figuren zusammenbauen
- Fußball spielen
- einen Schneemann bauen, aber so richtig – mit Karottennase und Zylinder
- Minigolf spielen
- das Lieblingsspielzeug aus der Kindheit heute kaufen und damit spielen
- ein Geschenk basteln
- im Hallen- oder Freibad die Wasserrutsche benutzen

- den Kinderspielplatz unsicher machen
- Tennis oder Federball spielen
- Rollerskaten, Inlineskaten
- kegeln
- Karaoke singen
- Trampolin springen
- einen Gameboy kaufen und Supermario spielen
- gärtnern
- Gummitwist (funktioniert auch mit zwei Stühlen, falls dir die Partner fehlen)
- Tretboot oder Elektroboot fahren
- ein Instrument lernen
- dein Lieblingsgericht aus der Kindheit kochen
- balancieren oder jonglieren lernen
- den Zoo besuchen
- Seilspringen
- etwas töpfern
- ein Puzzle kaufen und zusammenbauen
- tanzen – allein, mit einem lieben Menschen oder im Tanzkurs
- den Lieblingsfilm oder die Lieblingsserie deiner Kindheit anschauen
- Pilze, Beeren oder Kräuter im Wald sammeln
- eislaufen
- sich verkleiden
- den Klettergarten besuchen oder in die Indoor-Kletterhalle gehen
- Steine beschriften, bemalen, verschenken
- Reiten gehen
- singen – allein oder im Chor
- »Mensch ärgere dich nicht« spielen
- …

MEINE WORTE FÜR DICH UND DEIN INNERES KIND

Das Ende dieses Buches naht und doch ist es längst noch nicht vorbei. In den letzten Tagen oder Wochen sind wir gemeinsam durch die unterschiedlichen Phasen deiner Inneren-Kind-Heilung gegangen. An dieser Stelle möchte ich dir sagen, dass ich wirklich stolz auf dich bin. Allein, dass du zu diesem Buch gegriffen und es bis zum Ende gelesen hast, zeigt mir deinen Mut und deine Kraft, die hinter dem Willen nach Heilung und Veränderung steckt. Ganz ehrlich, das schafft nicht jeder! Und auch wenn du jetzt noch lange nicht alle Übungen aus diesem Buch gemacht oder wiederholt hast, hast du trotzdem schon viele Schritte geschafft. Wichtig ist, dass du jetzt nicht aufhörst. Lass dieses Buch nicht im Regal verstauben, sondern nutze es weiterhin für deine Heilungssequenzen. Heilung geschieht nicht von heute auf morgen. Hab Geduld mit dir und sei dir sicher, dass dich jeder Schritt, den du gehst, und sei er noch so klein, deinem Ziel ein Stückchen näherbringt.

Abschließend möchte ich mein Wort noch einmal an dein inneres Kind richten.

https:/honigperlen.at/abschlussworte-an-dich-und-dein-inneres-kind/

DIESE WORTE SIND FÜR DEIN INNERES KIND: MEINE ABSCHIEDSWORTE

Bevor du mit dem Lauschen (meine Empfehlung) oder Lesen beginnst, verbinde dich mit deinem inneren Kind.
Schließe deine Augen, leg deine Hand auf dein Herz und sage dir: »Ich verbinde mich nun mit meinem Inneren-Kind-Anteil.«
Lass deine Hand fortwährend, solange du liest oder das Audio anhörst, auf deinem Herzen. Du stellst so einen mentalen Verbindungsanker her.
Und nun nimm meine Worte mit den Ohren, den Augen und dem Herzen deines inneren Kindes auf. Wenn die Übung zu Ende ist, nimm die Hand von deinem Herzen, atme tief durch, sage »Ich verbinde mich mit meinem erwachsenen Selbst« und öffne deine Augen.

Dein wunderschönes Herz

Ich weiß, es war bestimmt nicht leicht für dich, in diesem Buch immer wieder an deinen alten Schmerz erinnert zu werden. Deshalb ist es mir an dieser Stelle ganz wichtig, dir zu sagen: Du hast deine Sache großartig gemacht – und zwar ganz unabhängig davon, wie viele Übungen du schon aktiv mitgemacht hast oder noch nicht. Dein Tempo und so, wie du es machst, ist richtig.
Aber vielleicht zweifelst du in diesem Moment ja noch ein bisschen daran. Vielleicht hat sich dein Schmerz durch das Lesen dieses Buches und die Übungen erst mal verstärkt. Vielleicht hat auch dein Umfeld rebelliert und es kam häufiger zu Konflikten. Obwohl es sich nicht unbedingt so anfühlt, sind das meist positive Anzeichen. Es gibt einen lustigen Spruch, der in Phasen der Veränderung oft Verständnis schaffen kann: Immer, wenn das Leben in den nächsten Gang schaltet, ruckelt es ein bisschen.

Vielleicht zweifelst du in diesem Moment ja trotzdem noch ein wenig an dir. In etwa so: »Ja, andere schaffen das mit der Heilung des inneren Kindes, aber ich eben nicht.« Ich verrate dir ein Geheimnis: Fast jeder Mensch hegt an dieser Stelle ähnliche Gedanken. Du bist damit nicht allein. Und auch ich habe früher oft gedacht: Mit mir wird das nichts.

Ich möchte dir aber noch etwas verraten: Ich weiß, dass ganz tief in dir die Kraft steckt, diesen alten Schmerz zu überwinden. Ich weiß, dass du das Potenzial in dir trägst, um die vergangenen Wunden loszulassen und etwas Neues zu gestalten. Ich weiß, dass du mehr als gut genug dafür bist. Du hast schon so viel geschafft. Auch das schaffst du!

Lass die alten Stimmen, die immer wieder in dir hallen und dir vielleicht sagen, dass du nicht gut, klug oder liebenswert genug bist, endlich verstummen. Und lass stattdessen meine Stimme jetzt ganz tief in deinen Kopf und in dein Herz hinein. So tief, dass du sie immer, wenn du wieder zu zweifeln beginnst, abrufen kannst. Und dann halte inne und lausche:

- Du bist ein Geschenk für diese Welt.
- Weil du eine zauberhafte Seele bist – und dein Herz am rechten Fleck hast.
- Weil du mit deinem Sein und deiner Liebe das Leben von vielen Menschen bereicherst. Mehr, als du denkst.
- Weil du auch nach all dem Schmerz noch an das Gute glaubst. Weil du voller Liebe, Wohlwollen und Hoffnung bist.
- Du verdienst es, von dir selbst und anderen so geliebt zu werden, dass du Glückstränen weinen musst.
- Du verdienst es, die Nummer eins zu sein. Vor allem für dich selbst.
- Du bist liebenswert – von Kopf bis Fuß. Und am liebenswertesten ist dein Herz.

- Denn du hast eine wunderschöne Seele und ein bezauberndes Wesen.
- Diese Welt hat ein verdammtes Glück, dass es dich gibt!
- Und jetzt zeig der Welt, wie wunderschön dein Herz ist!

Von Herzen, deine Melanie

DANKE!

Mit diesem Buch schicke ich mein sechstes Werk in die Welt hinaus. Und trotzdem spüre ich noch immer dieselben überwältigenden Gefühle wie beim ersten Mal. Bücher zu schreiben und damit Menschen zu inspirieren, ihren Weg zu sich selbst, zu mehr Selbstwertgefühl und Lebensmut zu unterstützen, ist mein absoluter Traumberuf und ich bin unendlich dankbar, dass ich ihn leben kann. Aber ohne dich als Leserin oder Leser und treuen Follower wäre das nicht möglich. Daher gilt mein herzliches Dankeschön vor allem dir und deinem Vertrauen in mich und meine Bücher.

Neben meinen Lesern gibt es noch weitere Unterstützer, die es mir ermöglichen, all meine Geschichten und mentalen Tools in meinen Büchern zu teilen. Einer davon ist mein treuer Begleiter, der Gräfe und Unzer Verlag, der mir sein

Vertrauen und die wunderbare Anja schenkt, die mich bei der Geburt von »Wenn das Kind in dir noch immer weint« mit all ihrem fachlichen Know-how und ihrer Herzlichkeit unterstützt hat. Auch meiner Lektorin Diane, die dem Buch den letzten Schliff verpasst hat, danke ich von Herzen für ihren Einsatz.

Aber auch hinter der Honigperlen-Bühne gibt es Heinzelmännchen, die bei diesem Werk mitgeholfen haben. Mein größter Dank gilt meiner Kooperationspartnerin und Assistentin Charlotte Zierler. Neben den Beistrich-Katastrophen, die sie bereinigt hat, ihrer geschätzten Meinung zu meinen Inhalten und Übungen, ist sie für mich eine Stütze in allen Belangen, bringt Ordnung in mein Chaos und wirkt inspirierend auf all meine Projekte ein.

Danken möchte ich an dieser Stelle auch allen Menschen, die an mich glauben, meinen Weg als Lebenspartner, Freunde oder Familie begleiten und mir so auch immer wieder inspirierende Gedanken und Geschichten für mein Tun mitgeben.

Weil es in diesem Buch viel um die Ursprungsfamilie geht, ist es mir außerdem besonders wichtig zu erwähnen, wie unendlich dankbar ich meinen Eltern bin. Ja, meine Kindheit war wie die der meisten nicht perfekt, aber sie war um ein Vielfaches einfacher, liebevoller und schöner als die meiner Eltern. Ich ziehe meinen Hut vor ihnen und davor, wie viele Entwicklungsschritte sie übersprungen haben, um mir so eine Kindheit zu ermöglichen, trotz ihrer eigenen tiefen Wunden und Prägungen. Und ich danke ihnen von Herzen für all die Liebe, die sie mir mit auf den Weg gegeben haben.

Liebe Mama! Lieber Papa! Ich habe euch unendlich lieb und bin verdammt stolz auf euch und euer Lebenswerk. Und ganz ehrlich: Ihr müsst dann doch einiges richtig gemacht haben, sonst wären Sabine und ich nicht so toll gelungen. ☺

GIVE-AWAY-PRÄSENT FÜR DICH

Zum Abschied möchte ich dir 30 Journalingfragen schenken, damit du mit deinem inneren Kind in Kontakt bleibst und die Heilung weiter voranschreiten kann. Stell dir jeden Tag eine der 30 Fragen und lass dich überraschen von ihrer heilsamen Wirkung. Hier kannst du dein Geschenk downloaden:

https:/honigperlen.at/30-journalingfragen-an-dein-inneres-kind-anmeldung/

Über die Autorin

Melanie Pignitter ist diplomierte Mental- und Selbstliebetrainerin und war fünf Jahre als Business-Coach und Kommunikationstrainerin tätig. 2015 landete sie in der größten Krise ihres Lebens, die sie durch Mental- und Selbstliebetraining überwand. Seither inspiriert sie mit ihrem Erfolgsblog und -podcast »Honigperlen« sowie ihren Büchern Hunderttausende Menschen.

AUCH MIT MIR KANN DEINE REISE WEITERGEHEN

Dieses Buch endet hier, aber dein Weg tut es nicht. Daher möchte ich dich gern weiterhin mit meinen Impulsen, Methoden und Büchern begleiten. Auf meinen Social-Media-Accounts, unter den folgenden Webadressen und in den Büchern findest du weitere Inspiration für deinen Weg zu mehr Selbstliebe und innerer Freiheit.

- Webseite: https://honigperlen.at/
- Instagram: honigperlenmelanie
- Tiktok: www.tiktok.com/@honigperlen
- Selbstliebe-Lehrgang: https://honigperlen.at/selbstliebelehrgang/
- Intensivkurs »Befreie dein inneres Kind«: https://honigperlen.at/innerer-kind-kurs/

MEINE BISHERIGEN BÜCHER

- Als ich lernte, mich selbst zu lieben, war mein Leben eine runde Sache; Goldegg
- Federleicht; Goldegg
- Honigperlen; Gräfe und Unzer
- Es ist ein Geschenk, dass es dich gibt; Gräfe und Unzer
- Wenn ein Satz dein Leben verändert; Gräfe und Unzer

MEHR VON MELANIE PIGNITTER

ISBN 978-3-8338-7202-0

ISBN 978-3-8338-8233-3

ISBN 978-3-8338-9005-5

Alle hier vorgestellten Bücher sind auch als eBook erhältlich.

G|U

Mehr von GU auf **gu.de** | **gu.verlag** | **gu.verlag**

LIEBE LESERINNEN UND LESER,

wir wollen Ihnen mit diesem Buch Informationen und Anregungen geben, um Ihnen das Leben zu erleichtern oder Sie zu inspirieren, Neues auszuprobieren. Wir achten bei der Erstellung unserer Bücher auf Aktualität und stellen höchste Ansprüche an Inhalt und Gestaltung. Alle Anleitungen und Rezepte werden von unseren Autoren, jeweils Experten auf ihren Gebieten, gewissenhaft erstellt und von unseren Redakteur*innen mit größter Sorgfalt ausgewählt und geprüft.

Haben wir Ihre Erwartungen erfüllt? Sind Sie mit diesem Buch und seinen Inhalten zufrieden? Wir freuen uns auf Ihre Rückmeldung. Und wir freuen uns, wenn Sie diesen Titel weiterempfehlen, in Ihrem Freundeskreis oder bei Ihrem Online-Kauf.

Sollten wir Ihre Erwartungen so gar nicht erfüllt haben, tauschen wir Ihnen Ihr Buch jederzeit gegen ein gleichwertiges zum gleichen oder ähnlichen Thema um.

KONTAKT ZUM LESERSERVICE

GRÄFE UND UNZER VERLAG
Grillparzerstraße 12
81675 München
www.gu.de

IMPRESSUM

GU ist eine eingetragene Marke der GRÄFE UND UNZER VERLAG GmbH, www.gu.de

ISBN 978-3-8338-9195-3
4. Auflage 2024

Ein Unternehmen der
GANSKE VERLAGSGRUPPE

Projektleitung: Anja Schmidt
Lektorat: Diane Zilliges
Bildredaktion: Simone Hoffmann
Cover- und Layoutgestaltung: ki36 Editorial Design, München
Herstellung: Renate Hutt
Satz: Uhl + Massopust, Aalen
Reproduktion: Medienprinzen, München
Druck und Bindung: DZS Grafik, Slowenien

Syndication:
Bildagentur
Image Professionals GmbH,
Tumblingerstr. 32,
80337 München
www.imageprofessionals.com

Bildnachweis

Cover: Shutterstock
Weitere Bilder: Adobe Stock: S. 23, 56, 75, 101, 130, 140, 146, 150-151, 154, 170; Getty Images: S. 16, 21, 26, 29, 36, 39, 47, 58, 60, 65, 86, 93, 99, 108, 124, 136, 152, 158, 161, 164, 168; GU/ Mērija Melbārde: S. 150-151; iStockphoto: S. 30, 45, 49, 85, 112, 119, 148, 167, 182, 187; Plainpicture: S. 35, 52, 62, 127; Laura Melone Vienna: S. 18, 190; Juairia Islam Shefa/Unsplash: S. 70; Shutterstock: S. 11, 180; Stocksy: S. 12, 66, 79, 86, 138; Westend61: S. 152;